英米哲学の挑戦

―文学と懐疑―

英米哲学の挑戦（'23）

装丁デザイン：牧野剛士
本文デザイン：畑中　猛

s-80

まえがき

哲学というと、自分には関係ないという人が多いかもしれない。実際、哲学は抽象的な言葉で厳密な批判と思考を展開するので、かたくるしく、近づきがたい印象を与える。これに対し、文学は寒々しい現実を忘れて心を遊ばせることのできる幻想世界へと心地よく誘ってくれると考える人も多いだろう。

しかし、ほんとうにそうなのだろうか。哲学と文学の共通点に目を向けることから得られるものも多いのではなかろうか。たしかに哲学と文学とでは手法が異なるが、いずれも、それに近づく人の心の奥に宿り続け、想像力を刺激し、人生を振り返りながら生きていくための手がかりを与えてくれる。優れた文学作品は、人生を振り返るときだけでなく、時代や地域を越えて人間が立ち至っているありようを見つめ直すきっかけを与えてくれることもある。

そこで、本書は、哲学と文学の間にある以上のような共通点に着目し、文学作品を紹介しながら、哲学に対して特に関心を抱いていない人も含めて、多様な背景を有する読者を、英米の哲学者たちが挑んだテーマの近くへと案内することをめざすこととした。そして、この目的のために本書では、近現代の英米哲学の思想的な流れを扱った前著『経験論から言語哲学へ』（放送大学教育振興会、2016 年）とは異なり、文学と哲学がそれぞれの仕方で探究する共通のテーマをとりあげている。とりあげるテーマは、各章と各節のタイトルをご覧いただきたい。文学作品を通じてそれらのテーマに近づき、それらのテーマをめぐるありがちな思考に懐疑を投げかけながら探究を進める哲学者たちの思考の足どりと、随所にある思考の分岐点をともにたどる体験を通じて、物事を多面的に捉える哲学的な姿勢と思考に親しんでいただければ幸いである。

本書の全体の流れを簡単に紹介しよう。まず、第1章から第5章では、夏目漱石のいくつかの作品をとりあげ、そこで表現されている懐疑と探究が、18世紀のイギリスの哲学者ヒュームのそれとよく似ている点に注目しながら、多様なテーマをめぐる彼らの懐疑と探究をたどる。例えば、漱石の『こころ』とスティーヴンソンの『ジキルとハイド』の類似性に着目し、ジャコメッティが制作と鑑賞という営み自体を検討したテキストに着目するなどの迂回路を経たうえで、ヒュームのさまざまなテキストと出会い直し、「よりよい見方と生き方の共同探究」を継続することがほんとうに可能なのか（可能だとすれば、それはどのような営みか）という問題を読者とともに考えることをめざす。

第6章では、ヒュームの議論がドイツの哲学者フッサールにどのように継承されたのかをたどり、第7章と第8章では、フッサールやハイデガーの思考を経由することで得られる視座から、マードックやカヴェルといった現代英米の哲学者たちの思考と出会い、「見ることを学ぶ」とはどういうことか、「他者とともに生きる」とはどういうことかを検討する。

第9章と第10章では、道徳というものをめぐる現代の英米哲学の展開を追う。メルヴィルの『ビリー・バッド』やディケンズの『クリスマス・キャロル』を題材にしつつ、第7章でも登場したマードックや、あるいはヘア、フットといった論者の議論を跡づけながら、「これは道徳的に善い（あるいは、悪い）」と判断するときに私たちは何をしているのか、そもそも「善」とは何なのか、という根本的な問題を検討する。

第11章から第14章にかけては、真理や道徳には探究すべき価値があるか、人生に意味など本当にあるのか、といった、文学と哲学が共通して問い続けてきた主題について、さらに踏み込んだ探究を行う。その過程で、一方では古代ギリシア以来の懐疑論の歴史をヒュームの時代までたどり直し、他方では、ホメロスの叙事詩、カミュや中島敦の小説なども参照することで、懐疑的な思考を本質的な要素として含む哲学的思考の特徴が浮かび上がってくるだろう。

そして、最後に第 15 章で主題にするのは、哲学それ自身である。多くの文学（あるいは、映画、漫画など）に哲学的主題が含まれ、哲学的問題が鋭く問われているのならば、哲学という個別の領域がそれとして存在する意味や理由は果たしてあるのだろうか。ウィトゲンシュタインとカヴェルの哲学観を紐解きつつこの懐疑に迫る最終章は、「文学と懐疑」にまつわる本書全体の道行きを総括するものともなる。

このように、英米哲学における意欲的な諸議論は、英米圏だけに閉じたものではなく、他の文化圏の哲学や、文学作品のような他ジャンルの探究との邂逅を通じて触発され、継続してきた。この点に注意を喚起することが、本書全体の特徴となっている。

多様な論者が触発し合い、多様なテーマについて懐疑を深め、さらに、懐疑それ自体も主題化しながら展開する、英米哲学の挑戦の軌跡——本書とともにそれをたどることで、哲学というスリリングな活動の核心へと足を踏み入れることができるだろう。

2022 年 9 月
勢力尚雅・古田徹也

【凡例】　引用に際しては、引用元として原典を指示しているものについては、各章の著者が原文を直接訳した。訳文中の傍点がついている箇所は、引用者による断りがない場合は、原典に付された強調部分に該当する。

また、原典の邦訳が存在するものについては、参考文献として各章末に記載するとともに、引用文の直後に原典のページ数と該当する邦訳のページ数を並記した。

目次

1　幻影と現実
——共同行為を通じて形成される習慣

勢力尚雅

《目標＆ポイント》 私たちは夢や幻と区別されたほんとうの現実を知ることができるのだろうか。そもそも区別・分類するとは何をすることなのだろうか。区別・分類する根拠として、私たちは同一性を発見しているのだろうか、それとも類似性を発見しているのだろうか。そのとき想像力が果たす役割はどのようなものだろうか。夏目漱石のテキストを参照しながらこのテーマに近づき、このテーマをめぐるヒュームの考察を理解する。
《キーワード》 幻想と現実、想像力の宇宙、類似を発見する習慣、共同行為、夏目漱石、ヒューム、ジャコメッティ

1.「鏡の裏(うち)なる狭き宇宙」——『薤露行(かいろこう)』

「現実」とは定義上、夢や幻ではないものであり、私たちはこの二つを明確に区別できるということを自明視している。しかし、はたしてそうなのだろうか。夏目漱石（1867-1916）の『漾虚集(ようきょしゅう)』には、このテーマをめぐる思索に誘う作品がそろっている。

例えば、『薤露行』もその一つである。この作品に登場する女性、シャロットについての描写を漱石は次のように始めている。

　ありのままなる浮世を見ず、鏡に写る浮世のみを見るシャロットの女は高き台の中にただ一人住む。活ける世を鏡の裡にのみ知る者に、

面を合わす友のあるべき由なし。[中略] 旅商人の脊に負える包の中には赤きリボンのあるか、白き下着のあるか、珊瑚、瑪瑙、水晶、真珠のあるか、包める中を照らさねば、中にあるものは鏡には写らず。写らねばシャロットの女の眸には映ぜぬ。(夏目漱石、岩波文庫『倫敦塔・幻影の盾 他五篇』134-135 頁/全集 2 巻 152 頁)

このようにシャロットは、鏡に映るものだけしか見ることができない。そして、鏡に映るものを自分で選ぶことはできない。映っては消え、消えては映るはかないものばかり。そこで、シャロットは、ときどき疑う。「活ける世」自体が影のようにはかないのだろうか、それとも、自分は「活ける世」の影を見ているにすぎないのだろうか。後者だとすると、鏡に映る世界の「まこと」は、自分が見ている影とは全く違うものなのだろうか。こうして時には、窓際に駆け寄って思う存分、窓の外のほんとうの世界を見ようと思い立つときがあるが、それを見てしまうとシャロットは死んでしまう定めにある。

同じ『漾虚集』所収の『カーライル博物館』の中では、トーマス・カーライル(Thomas Carlyle 1795-1881)がかつて暮らした家を訪れた人

写真提供 ユニフォトプレス

図 1-1 ジョン・ウィリアム・ウォーターハウス「シャロットの女」
(1894 年、リーズ市立美術館)

物が、邸宅の中を上方の階に案内されたとき、「上れば上がる程怪しい心持が起こりそう」と感じ、4 階の天井裏の居室を「天に最も近く人に尤も遠ざかれる住居」（岩波文庫『倫敦塔・幻影の盾　他五篇』39 頁／全集 2 巻 41 頁）と呼んでいる。しかし、皮肉にも、この高層にいると「寺の鐘、汽車の笛さては何とも知れず遠きより来たる下界の声が呪いのごとく」追いかけてきて、「天上にあって音響を厭いたる人」（同 40 頁／全集 2 巻 42-43 頁）として描かれるカーライルの神経を苦しませる。どんなに高層に上がっても、心に映りくる知覚としか関わることができない。その姿は、『薤露行』のシャロット、さらにいえば、『吾輩は猫である』に描かれる主人や、『草枕』に登場する画工とも重なる。猫は主人のことを次のように描いている。

主人は見性自覚の方便としてかように鏡を相手に色々な仕草を演じているのかも知れない。凡て人間の研究と云うものは自己を研究するのである。天地といい山川といい日月といい星辰というも皆自己の異名に過ぎぬ。自己を措いて他に研究すべき事項は誰人にも見出し得ぬ訳だ。もし人間が自己以外に飛び出す事が出来たら、飛び出す途端に自己はなくなってしまう。（夏目漱石『吾輩は猫である』337 頁／全集 1 巻 368 頁）

2.「想像力の宇宙」

ほんとうの現実を見ようと高層に上り窓外を眺めても、結局は、自分の心に映りくるものしか見ることができず、心に映りくるものとしか関わることができないのではないか。

これと同じような懐疑を思考の出発点に据える哲学者の発言に耳を傾

けてみよう。18世紀のイギリスの哲学者デイヴィッド・ヒューム（David Hume 1711-1776）である。ヒュームは次のように述べている。

> 心（mind）には、諸知覚以外の何ものもけっして現れず、すべての観念は、それより先に心に現れたものから引き出される。したがって、私たちは、［先行する］観念や印象と種的に異なる観念を思い浮かべることも形成することもできない。私たちの注意を可能なかぎり自分自身の外に固定してみよう。私たちの想像力を、天空に、あるいは宇宙の最果てに追い立ててみよう。それでも、私たちは自分自身を越えて一歩も進んでいないのであり、この狭い範囲に現れたことのある諸知覚以外にはどんな種類の存在も思い浮かべることができないのである。これが、想像力の宇宙（the universe of the imagination）であり、私たちはそこで生み出されるもの以外のどんな観念ももたないのである。（ヒューム『人間本性論』Ⅰ-2-6, p.49／86頁、［　　　］内は引用者が補足。なお、本章末p.28の注1を参照）

もっとも漱石の『漾虚集』の中には、心に映りくる世界の外に飛び出すことを成就する物語もある。それは、例えば『幻影の盾』である。この物語の主人公ウィリアムは敵の姫クララを愛したが、戦いの火炎の中にクララの影が消える様子を目の当たりにしてしまう。ウィリアムの脳裏に思い浮かぶ記憶は、順に、出陣、クララと連れ立って逃げるはずだった帆船の旗、戦、そして火炎の中に漾うクララの髪。「何故あの火の中へ飛び込んで同じ所で死ななかったのか」と舌打ちし、すべては「盾の仕業だ」とつぶやく（岩波文庫『倫敦塔・幻影の盾　他五篇』72頁／全集2巻76頁）。この受け入れがたい因果の外へとウィリアムを導いたのは、次のような声であった。「まこととは思い詰めたる心の影を。心の影を偽りというが偽り。」「ただ懸命に盾の面を見給え。」「盾の中に何をか見る。」「迷いては、迷いてはしきりに動く心なり、音なき方に音をな聞きそ、音をな聞きそ」。「闇に烏を見ずと嘆かば、鳴かぬ声さえ聞かんと恋わめ」。この声に導かれて「一心不乱」となったウィリアムは「盾の中の世界」と一体化し、死んだはずのクララと一つになる（同 73-76 頁／全集 2 巻 79-83 頁）。

こうして心に映りくる世界の外に飛び出すことを成就するこの物語は、「しかしそれが普通の人に出来る事だろうか？」という懐疑とともに閉じられている（同 76 頁／全集 2 巻 83 頁）。「自己をみつめる」とか「本心を問う」というはたやすいが、自己も心も、この世界も、『漾虚集』というタイトルが象徴しているように、まさに影のように虚ろにふわふわと漾って定まらない。心に映りくる（しばしば理不尽で不条理な）ものの流動に右往左往するのでなく、その実相の全体を超然と見定めたいという願いは、シャロットならずとも誰しも時に感じるものかもしれないが、シャロットにとっては、鏡に映る浮世でなくありのままなる浮世を見ることは破滅に通じる道であった。そして、『幻影の盾』ですら、心に映りくる因果物語の外に飛び出すことへの懐疑の言葉で締められているのである。

では、私たちの場合はどうだろうか。私たちもまた、想像力の宇宙と

写真提供　ユニフォトプレス

図 1－2　夏目漱石

写真提供　Science Source Images/ユニフォトプレス

図 1－3　ヒューム

いうちっぽけな各自の心に偶然にも映りくるものに右往左往しながら生きているのではないだろうか。これから第5章まで、夏目漱石のテキストを通して浮かび上がる問題をめぐって、近代英米哲学の代表的な哲学者の一人であるヒュームの考察をたどることとする。その問題を一言で言えば、各自の心に映りくる幻影のごときものとともに思考し生きていくほかない定めの中で、私たちはいかに生きるべきかという問いである。

漱石は、晩年、この問いに対して、『文芸と道徳』をテーマとした講演の中で次のような答を提示している。「実現の出来る程度の理想を懐いて、ここに未来の隣人同胞との調和を求め、また従来の弱点を寛容する同情心を持して現在の個人に対する接触面の融合剤とするような心掛け——これが大切だろうと思われるのです」（岩波文庫『漱石文明論集』93頁／全集16巻502頁）と。この答の中で語られている「実現」、「理想」、「隣人」、「調和」、「弱点」、「寛容」、「同情」、「融合」といった言葉を、どのような文脈のもと、どのような連関で思考すべきなのか。私たちも考えていこう。

3.「現実」に似ている何かに気づく

「実現」や「理想」という言葉は、「現実」という言葉との関係において成り立つ。では、そもそも私たちは「現実」をどのように知ることができるのだろうか。現実認識における想像力の役割を考えるうえで、スイスの芸術家、アルベルト・ジャコメッティ（Alberto Giacometti 1901-1966）の次のような証言が参考になる。

> 想像力によって生み出すことができるものは限られている。それは自己をこえることができないし、ますます現実に近づいて行くということもできない。想像力によって限定することなく、一切の先入見を

捨てて見えるものを忠実にうつそうとするとき、対象は思いがけない新しい姿であらわれる。こうしてはじめて、私は私自身をこえて進歩することができるのだ。(矢内原伊作『ジャコメッティ』149 頁)

以上のようなジャコメッティの考えは、一見すると、現実認識における想像力の働きを批判しているかのように見える。しかし、ここでのジャコメッティの論点は、想像力の単独の働きが性急な現実認識に閉じてしまうことの指摘であり、絵画や影像のような作品を媒介とした共同行為（作品を拵えることや眺めること）を通じて、「現実」に似ている何かを探し続けられるという点にある。その証拠に、ジャコメッティは次のようにも述べている。

私が自然を模写するとき、私が模写するのはただ、私の脳髄のなかに意識として残っているものだけだ。つまりそれは私から直接発する

©Michel Sima/Bridgeman Images/ユニフォトプレス

図 1－4　制作中のジャコメッティとその作品

ものであり、だから全く主観的なものだ。他の人たちの作った芸術も、きみはきみの要求によって眺める。きみは他の人たちの芸術のなかに、自分でも気付かずにきみに最も役立つ部分とか最も近い部分とかを探すだろう。はじめてチマブエの絵を見たときに私はそれに夢中になったが、それは私がそれを現実に似ていると思ったからだ。しかしなぜ私がそれを現実に似ていると思ったか、その深い理由はほとんど説明できない。[中略]

[「人々が夢中になるほど好きになるのは、それが現実に一層よく似ているからでしょうか、それとも他の理由によってでしょうか」という対話相手からの問いに対して]

それが現実に一層よく似ているからだろう。人は意識していないにしても、似ているという事実は、人が思っているよりも遥かに深いのではないだろうか。……彼等は作品のなかに現実に似ている何かを見ているのだ。あるいは作品のなかに現実に似ている何かを感じているのだ。(ジャコメッティ『エクリ』441-442頁、[ ]内は引用者が補足)

写真提供 ユニフォトプレス

図1-5 チマブエ「荘厳の聖母」
(1280年頃、ルーヴル美術館)

このようにジャコメッティによれば、私たちは自然を模写する際に自然そのものを模写するのでなく、自分の要求によって、自分の脳髄の中に意識として残っているものを眺めるほかない。だからこそ、「想像力によって限定することなく、一切の先入見を捨てて見えるものを忠実にうつそうとする」ことによって拵えられた作品の中に、「現実に似ている何か」を感じ、そこに「現実に似ている何か」を探すという営みを通して、「現実」に近づいていくというのである。そのような営みを離れて想像力だけによって生み出されるものはどこまでも続けていくことができない」もの、「進歩がない、閉じた世界」だという（矢内原『ジャコメッティ』151 頁）。

4. 想像力の戦略としての「類似」をめぐる仮説形成——共同行為を通じて形成される習慣

ヒュームもまた、個人の想像力の単独の働きでなく、一般名辞の使用という共同行為を通じて、さまざまな知覚間の類似関係を探し続ける想像力の習慣がもたらす効果を強調している。これに対し、「似ている何かを探し続ける」という営みは、常に別様の見方を探す点で、手にした見方を斥ける際限のない懐疑に行きつくだけではないかという疑問を感じる人もいるかもしれない。しかし、むしろそのような際限のなさこそが、一般名辞を用いて多様な状況下で現実認識をすり合わせ、協調しながら相互理解、共同行為することを可能にするというのである。ヒュームは次のように説明している。

私たちは、私たちにしばしば現われるいくつかの対象の間に一つの類似性を見出すと、対象の量と性質の程度にどんな相違を観察しようとも、またほかにどんな相違が現われようとも、対象のすべてに同一

写真提供　ユニフォトプレス（3点とも）

図1－6　三つの「図形」

の名称を適用する。私たちがこの種の習慣を獲得した後には、その名称を聞けば、それらの対象のうちの一つの観念が呼び起こされ、想像力は、あらゆる特定の条件や比率とともにその対象を思い浮かべるのである。［中略］

［例えば「三角形」、「二等辺三角形」、「正三角形」のように］それぞれの名称は他の名称よりも広い範囲に用いられたり、狭い範囲に用いられたりする傾向があるので、各名称が特定の習慣を呼び起こし、それによって心は、その名称の下に通常含まれる諸観念に反する結論が形成されることがないように観察する準備を保つのである。これらの習慣が全く完全なものになるまでには、おそらく心は、ただ一つの個物の観念を形成することでは満足せず、自ら意味するものを、すなわち一般名辞で表現しようと意図する個物の集合の範囲を自らに理解させるために、いくつもの個物を次々眺める（run over）のである。（ヒューム『人間本性論』Ⅰ-1-7, p.18-20／32-35 頁、［　　　］内は引用者が補足）

例えば、上の三つの画像のⒶはⒷやⒸとどのような意味で似ていると言えるだろうか。ⒶとⒷは似ていて、この二つと比較してⒸは似ていないと言う場合は、「形」という一般名辞の用い方に私たちが慣れているせいかもしれない。「色」という一般名辞によって区別される視点からすると、Ⓐは Ⓑよりも Ⓒに似ている。私たちは、すでに「色」や「形」を表す一般名辞の使用法に慣れているので、どのような想像力のはたらきを通じて、知覚を整理しているのかに気づきにくくなっているが、ヒュームによれば、数多くの比較を反復して一般名辞の用い方に習熟する経験があるからこそ、私たちは、他の人と同じように現実を認識する習慣を獲得するようになる。ヒュームはこれを次のように説明する。

> 例えば白い大理石の球が提示されるとき私たちが受け取るのは、ただ一定の形に配置された白色の印象のみであり、色を形から分離することも区別することもできない。しかし、その後、黒い大理石の球や、白い大理石の立方体を観察し、これらを先ほどの対象と比較することによって、先ほどは完全に分離不可能にみえ、実際に分離不可能なものの中に、二つの別個な類似性を見出すのである。この種の訓練（practice）をもう少し続けると、やがて私たちは、**理性的区別**によって、形を色から区別し始める。つまり、形と色は同一で分離不可能なので、私たちは形と色を一緒に考えるのだが、それらがどういう類似性を受け入れるかに応じて、形と色を異なるアスペクトにおいて（in different aspects）眺めるのである。白い大理石の球の形だけを考えようとするとき、実際には形と色の両方を含む一つの観念を形成するのだが、暗黙のうちに（tacitly）その球と黒い大理石の球との類似性に目を移しているのである。また同様に、その球の色だけを考えようとするとき、私たちはその球と白い大理石の立方体との類似性に目を向けているのである。このようにして私たちは観念に一種の反省を添えているのであるが、この反省は、習慣のせいでほとんど気づかれない

のである。(ヒューム『人間本性論』Ｉ-1-7, p.21-22／38 頁)

では、「類似性を受け入れる」ということについて、ヒュームはどのように考えているのだろうか。ヒュームによれば、それ以上分離や区別することのできない単純観念(色、音、味、香り)の場合でも、「それらは同一であるようなどんな共通点をももたずに、全体的な見かけと比較に基づいて(upon the general appearance and comparison)、無限に多くの類似性を受け入れる」という(注 2：本章末 p.28)。私たちは、何かと何かを同じグループに分類する際、両者の間に共通点が実在すると考え、それを見つけようとする。しかし、「同一であるようなどんな共通点」ももたないものの間でも、「全体的な見かけと比較に基づいて、無限に多くの類似性を受け入れる」というのである。

これは私たちの想像力の戦略的な働きを指摘しているということができるだろう。つまり、「～のようだ」と二者間の「類似」をまず仮説形成し、その後で、両者がどのような点で似ているのか(あるいは似ていないのか)、この仮説を支える根拠としての諸事情を枚挙すべく想像力が努力する。「～のようだ」というときの「～」の部分自体が暫定的な仮説にすぎないのだが、何かとあえて取り合わせて「比較」してみるという想像力の実験を継続することによって、新奇なものに出会ったときも安心して対応でき、経験を経るにしたがって比較のためのストックが豊富になっていく。何かと何かが類似しているという結論を先行させ、それを証拠立てる視点を探して全体的な見かけと比較する想像力が継続して働くというわけである。

5.「類似」を発見する習慣と一般名辞の使用

ヒュームによれば、諸知覚を眺めて、何らかの類似を感じる諸知覚を寄せ集め、それらに一般名辞を適用するという一連の作用は、習慣によって引き起こされる作用である。「習慣」とはヒュームによれば「何の新たな推理や推断もなしで、もっぱら過去の反復から生じるすべてのもの」（同 p.72／127 頁）とされるので、習慣の原因は、たんなる反復にすぎない。ヒュームがあげている例でいうと、㋐「戦争において弱者は常に交渉に頼る」と言わずに、㋑「弱者は常に征服に訴える」と述べたとすれば、「戦争」、「弱者」、「交渉」、「征服」といった言葉の反復的使用によって私たちが獲得した習慣（諸観念に一定の関係を帰す習慣）が、この命題の不合理さを直ちに私たちに気づかせるとヒュームはいう。私たちは、「征服」という言葉の一般的使用において、㋑ではなく㋐のように用いることに慣れ親しむ習慣を通じて、「征服」という一般名辞の使用法を身につけていくのである。

また、ヒュームは『人間本性論』第1巻第2部で空間や時間について論じるときも同様に、私たちが空間や時間についての会話や反省ができるようになるのはいかにしてかという問題として論じる。「空間」は、諸知覚とは別個に存在し、諸知覚がその中で継起する容器や枠組として想像することができるかもしれない。しかし、諸知覚とは別にそのような枠組みがあるとしても、私たちの心には知覚しか現れないので、知覚とは別の枠組なるもの自体を私たちは経験できない。では、私たちはどのようにして「空間」という語を用いることができるようになるのか。ヒュームはさきほど見た「色」や「形」の区別についての説明と同様に、「アスペクト（aspect）」という概念を用いて説明している。例えば「テーブル」という一般名辞を適用するものを見るとき、私たちはさまざまな色をもった点の複合体としての諸知覚の継起を眺めたり、想起したりするうちに、点の配列というアスペクトにおける諸知覚の間の類似性に気づき、「ある仕方で配列された色をもった」「点の複合体」として眺めるようになる。そして、このアスペクトにおける諸知覚の現れ方を「広がり」あるいは「空間」という一般名辞で呼ぶようになるとヒュームはいう。

では、私たちはどのようにして「時間」という語を用いることができるようになるのか。ヒュームによれば、さまざまな情念や印象の継起にともなう諸知覚の変化の速さというアスペクトにおける諸知覚の現れ方を「長い時間」や「短い時間」といった一般名辞で呼ぶようになるのである。諸知覚の継起・変化が全く感じられないときには、私たちは時間の観念をもつことができない。図形についての会話や反省に際して、すべての形や大きさの図形についての観念を無限に思い浮かべることができないのと同様、時間や空間についての反省や会話に際しても、その観念を構成する諸部分を無限小に至るまで無限数思い浮かべることはできない。だが、例えばあるできごとについての時間を**語る**場合、互いに対して後続もしくは先行する各瞬間（それ以上は分割不可能な程度の各瞬間）を変化の速さというアスペクトで眺めるときの知覚の現われ方に注目して、それに「長い時間」などといった名辞を適用するようになるという。

まとめてみよう。ヒュームによれば、私たちは諸知覚の継起を眺めるうちに、あるアスペクトにおける諸知覚間の類似に気づき、その類似の集合に一般名辞を適用する習慣を身につける。諸知覚の現れ方を想起するときに、点の配列の仕方というアスペクトにおける眺めに「空間」という一般名辞を、そして諸知覚の継起・変化というアスペクトにおける眺めに「時間」という一般名辞を適用することで、流動する諸知覚をさらに整理する習慣を身につける。

次々と現れては去ってゆくさまざまな知覚をどのようなアスペクトにおいて眺めれば整理できるのか。ヒュームによれば、知覚の整理に役立つアスペクトの発見を可能にするのは、知覚と知覚の間の類似の発見に精励し続ける想像力の働きである。私たちの想像力が知覚と知覚の間の類似の発見に励み続けるからこそ、流動変化する諸知覚を「白色」とか「立方体」とか「長い時間」などの一般名辞で束ねるのに役立つアスペクトへの習熟が生まれ、一般名辞を用いた「会話と反省」という共同行為を他者とともに遂行することが可能になるというのである。

6.「宇宙のセメント」

以上のようにヒュームの観察によれば、私たちの「現実」認識は、一般名辞を用いるという共同行為によって培われる想像力の習慣的な働きによって決定される。これに対し、ジャコメッティの場合、そのような想像力の習慣的な働きがもたらすものの見方の「限定」への懐疑とそこからの離脱が強調されている。想像力の習慣的な働きをふまえてなお、それに抗い進むための道筋の探究といってよいだろう。しかし、ジャコメッティが呼びかけるそのような探究も、「反省と会話」という共同行為を通じたアスペクト探しのさらなる継続の徹底と考えれば、実は漱石やヒュームが試みた挑戦と相通じるものでもある。その根拠は、以下四つの章で詳述することとし、本章は、人間の認識の実相を探るためにヒュームが取り組んだ問いを確認して終わることにしよう。それは次のような問いである。

> 私に関するかぎり、私が自分自身と呼ぶものに最も深く分け入るとき、私が出くわすのは、常に熱や冷、明や暗、愛や憎、苦や快などの、個々の知覚である。私はいかなるときにも、個々の知覚なしに自分自身を捉えることは決してできず、また知覚以外のものを観察することも、決してできない。[中略] 心は、さまざまな知覚が次々とそこに現

れる、一種の劇場である。そこにおいて、さまざまな知覚が通り過ぎ、引き返し、滑り去り、限りなく多様な姿勢と位置関係で互いに交わるのである。正しく言うならば、そこでは一つの時点における単純性も、異なる時点における同一性もない。私たちが、そのような単純性と同一性を想像しようとする、どのような傾向性（propension）をもとうとも、そうである。演劇の比喩にだまされてはならない。心を構成するのは、互いに継起する知覚のみであって、私たちはこれらの情景が演じられる場所についても、その場所を構成する素材についても、ほんのおぼろげな想念（notion）さえももっていないのである。それでは何がわれわれに、これら継起する諸知覚に同一性を帰し、一生を通じて私たちが不変で中断のない存在をもつと想定する（suppose）、このように大きな傾向を与えるのだろうか。（ヒューム『人間本性論』Ⅰ-4-6, p.165／286-287 頁）

そして、この問いに対するヒュームの結論を先取りすれば、心という宇宙に去来する諸知覚の流動は「宇宙のセメント」ともいうべき連合原理に支配されているというものであった。そして、彼はこの発見を次のように誇らしく掲げている。

これら［連合原理］は、心に関するかぎり、宇宙の諸部分を結束し、私たちを、私たちの外の人や対象と結合する唯一の繋ぎ目（links）であるということを考えてみれば、これらの原理が人間的自然の学（the science of human nature）においてどれほど大きな重要性をもつかを理解するのは容易だろう。なぜなら、何事かが私たちの情念に作用するのは思考を通じてのみであり、これら［連合原理］こそが私たちの思考の唯一の紐帯（ties）なのだから、これらの原理はまさに私たちにとっての宇宙のセメントであり、心の全作用はそれらに大いに依存せざるをえないからである。(ヒューム『人間本性論摘要』p.416-417／222 頁、[　　　] 内は引用者が補足)

ではここでヒュームが述べている「人間的自然 (human nature)」とは何であろうか。そして、「幸福」のようにその意味や用法をめぐって意見が深刻に対立しかねない倫理的概念の場合もまた、「色」や「形」や「空間」、「時間」などの一般名辞を用いるときと同様の仕方で、その使用法を共同で探究し続けることがほんとうに可能なのだろうか。漱石の作品を導きの糸としながら、ヒュームの考察をたどっていこう。

(注1)

ヒュームは「知覚」を「印象」と「観念」の 2 種類に区別している。ヒュームによれば、「印象」と「観念」は著しく類似しており、両者の相違は、心に現れる際の「勢いと生気の程度の差 (the degrees of force and liveliness)」であるとされる。ヒュームは「観念」を「印象の弱いイメージ (faint images)」と呼んでいる(『人間本性論』Ⅰ-1-1, p.7／13 頁)。

(注2)

この説明は、本書の 20 ページで引用した一節に出てくる「類似性」という語に対してヒューム自身が施した注の一部である(『人間本性論』p.18-19／327 頁)。

参考文献

夏目漱石『薤露行』、『カーライル博物館』、『吾輩は猫である』、『幻影の盾』、『文芸と道徳』

【引用の際は、左側に岩波文庫のページ数、右側に岩波書店『定本漱石全集』の巻数・ページ数を記した。】

デイヴィッド・ヒューム『人間本性論』、『人間本性論摘要』

【前者の翻訳としては木曾好能ら訳『人間本性論』（法政大学出版局、1995-2012）、後者の翻訳としては一ノ瀬正樹ら訳『人間知性研究　付・人間本性論摘要』（法政大学出版局、2004年）などがある。ただし、第1章から第5章におけるヒュームからの引用は、すべて著者が翻訳した。なお、『人間本性論』からの引用に際しては、原典のページ数と、法政大学出版局から出版されている翻訳の該当箇所ページ数を併記した。

原典のテキストは、*A Treatise of Human Nature*, ed. by D. F. Norton and M. J. Norton, Oxford U.P., 2001を用いた。】

矢内原伊作『ジャコメッティ』（みすず書房、1996年）

アルベルト・ジャコメッティ『ジャコメッティ　エクリ』（矢内原伊作ほか訳、みすず書房、1994年）

2　人情と非人情
――「人間的自然」を眺める観点の共同探究

勢力尚雅

《目標＆ポイント》「幸福」のような一般名辞の使用法をめぐる対話（共同行為）の継続はどのようにして可能となるのだろうか。その対話において、哲学や芸術はどのような役割を果たしうるのだろうか。哲学者や文学者が「人間的自然」を解剖してその現象を描くために「第三者の立場に立つ」とは何をどうすることなのか。夏目漱石のテキストを参照しながらこのテーマに近づき、このテーマをめぐるヒュームの考察を理解する。
《キーワード》 幸福、懐疑と探究、哲学と狩猟、第三者の地位、解剖、憐れ、人間的自然、印象または観念(F)＋情緒(f)、知覚の束

1. 一般名辞の用法をめぐる多声の響き合い　――「幸福」をめぐる言葉と懐疑

前章で見たように一般名辞の使用法の多くが習慣を通じて定まってくるとしても、「幸福」のような名辞の使用法は容易には定まらないかもしれない。というのも、「幸福」という言葉を用いてある特定のイメージを拵えるや否や、それは「幸福」の別の側面に似ていないのではないかという懐疑を誘発し、反駁を誘うからだ。その例として、ヒュームのエッセイを検討してみよう。そこでは、「幸福」という言葉をめぐって自然に生じるとヒュームが考える見解が、各見解に類似の学派の名を借りて、次のような調子で語られている。それぞれの論点を一部抜粋してみよ

う。（なお、中略した箇所は「……」で示すことにする。）

【エッセイ「エピクロス派――優雅さと快楽の人」より】

何の目的のために、自然が私の中に植えつけた諸源泉や諸原理のうちの何かを規制し、洗練し、活気づけるべきだと主張すべきというのだろうか。……私が、私の諸器官を喜びで作用するように自然によって適合されていない対象から、快楽を受け取ろうと自分の諸機能を働かせたところで無駄であろう。……私に、自分自身の情念と性向（inclinations）の助言を求めさせよ。諸君の浅薄な議論にではなく、それらにこそ、私は自然の命令（the dictates of nature）を読みとるにちがいない。すると見よ、私の願いに好意を示すように、神聖でやさしい快楽と、神々と人々の至高の愛が私に向かって進んでくる。それが近づいてくると、私の心臓は穏やかに脈打ち、あらゆる感覚と機能が歓喜に溶ける。（ヒューム『道徳・政治・文学論集』p.139-142／126-127 頁）

【エッセイ「ストア派――行動と美徳の人」より】

自然は、人間に崇高なる天上のスピリットを付与し、優れた存在者たちとの類縁性を与え、そのような高貴な諸機能を不活発で無効なままにしておくことを許さず、あらゆる緊急時に、人間がその最高の技と勤勉を用いるよう、必要によって促している。……「汝は、汝自身をも、汝の勤勉の対象とすべきであり、技と注意力のみによって、汝は汝を宇宙における適切な位置まで上昇させる能力を得ることができるのだ」と汝にはっきり告げる自然の声に耳を傾けよ。……すべての人間的勤勉の偉大な目的は、幸福の獲得である。幸福のために技が発明され、学問が養われ、法が制定され、社会が形成されたのである。

……精力的な勤勉は、私たちの精神を陶冶し、情念を穏やかにし、理性を啓蒙する仕事を快適なものにできないだろうか。そうする間に、私たちは日々進歩を感じ、私たちの内面の特徴と表情に新たな魅力を見ることができるのではないだろうか。……知恵の殿堂は人間のあらゆる悪意が近づくことのできない岩の上にある。……賢者は、その澄んだ大気を吸いながら、人生の真なる道を無分別に求め、真の幸福のために富や身分や名誉や権力を追求している人間たちの誤りを憐れみのまじった快をもって見下している。……彼は陰気な無感動（apathy）においては真の知恵も真の幸福も見出すことができないと知っている。そして、社会的情愛の魅力をとても強く感じているので、甘美で自然で有徳な性向（propensity）に逆らうことはできない。……社会的諸情念は、俗世の混合物を払い落とし、美徳の諸感情と結びつき、私たちを賞賛すべき価値のある諸行動へと促すときにこそ、私たちに我を忘れさせる快をもたらし、神の目にも人の目にも栄光に満ちた姿を現わすのである。（ヒューム『道徳・政治・文学論集』p.146-153／131-136 頁）

【エッセイ「プラトン派――観照と哲学的献身の人」より】

私たちは均整の取れた彫像の優美さに喝采を与え、高貴な大建築の対称性に喝采を与えるものの、最も完全な産物は、最も完全な思考から生じ、私たちが崇敬（admire）するのは心だけであるということに汝は気づくだろう。……技の作品を自然の作品と比較してみよ。前者は後者の模倣にすぎない。技が自然に近づけば近づくほど、技はより完全とみなされる。しかし、技の最高の接近が自然に何と遠く、両者の間の隔たりがいかに広大なことか。……技は自然の外部のみをコピーし、内部の、より賞賛すべき諸源泉・諸原理を、模倣や理解を超えるものとして、そのままに残している。技は、自然の些末な産物のみをコピーし、そのオリジナルな見事な諸作品の中にあるかくも驚異的な華麗さと壮大さに達することを諦めている。私たちはこのとき、宇宙の精妙で最も驚くべき仕掛けの中に知性と意図（a design）を発見しないほど無分別でありえようか。私たちは、かくも無限に善く賢明な知的存在者の観照（contemplation）に際して、崇拝と崇敬の最も温かな恍惚感を感じないほど愚かでありえようか。（ヒューム『道徳・政治・文学論集』p.157-158／139-140 頁）

ヒュームは、以上のような調子で互いに異なる幸福観を語る三つのエッセイの後に、「懐疑派」というエッセイを据えている。そして、「懐疑派」は、「優雅さと快楽の人」、「行動と美徳の人」、「観照と哲学的献身の人」の各々に対して疑問と代案を重ねていく。以下に「懐疑派」と呼ばれる立場が提起する論点のごく一部を紹介するが、ここで注目してほしいのは、「懐疑派」がたんに疑問を投じるだけでなく、自らの呈した疑問を考えるための仮説（以下に下線を付している箇所）をあわせて提示している点である。

例えば、「優雅さと快楽の人」に対しては、次のような声で応答する。「人々の気性はとても異なるが、一般に言えることは、快楽の生活は、仕事の生活ほど長くは自らを支えることができず、飽きと嫌気にずっと服しやすいということである。最も持続的な娯楽は、賭博や狩猟のように、その中に精励と注意力を含んでいる。そして、一般に、仕事と行動は、人間生活における大いなる空虚を満たすものである」（同 p.167／147 頁）。

そして、「行動と美徳の人」に対しては、次のような疑念を向け、哲学の効用とは何かを再考するよう促している。「行動と美徳の人」が言うように、心の最も幸福な性向は社会的情念に気づかせ行動へと駆り立てる有徳な性向だとしても、「最高の技と勤勉によってさえ、自分の気性を訂正し、自分が望む有徳な性格を得ることは、必ずしも人間のパワーの内にあることではない。哲学の支配力は、少数の人々にしか及ばない。そして、この少数の人々についても、哲学の権威はとても弱く、限られている」（同 p.169／148 頁）。

とはいえ、だからといって懐疑派は哲学の営みに何の効用もないとは断定せず、むしろ、「哲学から生じる主な利益は、間接的な仕方で生じ、その直接の適用からよりもひそかで気づかない影響を及ぼす」と主張する（同 p.170／148 頁）。「技と哲学は、気づかぬうちに気性を洗練させ、心の恒常的な傾きと反復される習慣によって私たちが獲得しようと努めるべき性向（dispositions）を私たちに指摘する。そして、それ以上の大きな影響力をもっていると認めることはできない」（同 p.171／149 頁）。そして、「洗練された省察は、私たちの悪徳な情念を減じたり消したりするときに、有徳な情念までも減じたり、消したりしてしまい、心を完全に無関心で不活発にしてしまう」（同 p.172-173／150 頁）と、精妙な哲学的省察の欠点も指摘している。

さらに、「観照と哲学的献身の人」に対しても、次のような応答がなされる。「哲学的献身は、詩人の熱狂と同様、高揚したスピリット、あり余る閑暇、優れた才能と、研究と観照の習慣が生むつかの間の効果である。自然宗教だけが私たちに示すような抽象的で不可視の対象は、心を長いあいだ活気づけることはできず、人生において重大なことになることはできない。情念を継続させるには、私たちは感覚と想像力に影響を与える何かしらの方法を見つけねばならない」（同 p.171／146 頁）と。

2.「哲学」は「狩猟」に似ている

ヒューム自身、『人間本性論』第2巻の末尾「好奇心、すなわち真理への愛」という節で、狩猟することから得られるよろこびと、哲学することから得られるよろこびが似ていると述べている。狩猟は獲物を、哲学は真実を求めて身体や心を活動させる。狩猟や哲学において、獲物が持つ有用性や重要性は、この活動に取り組む人の「想像力を支えるために必須」(『人間本性論』Ⅱ-3-10, p.288／202頁) であるとヒュームはいう。

狩猟に精励する人は、別の活動をしていれば何倍もの利益が得られたとしても、狩猟に時間を費やし、わずかばかりの獲物でも大事に持ち帰る。したがって、ヒュームはいう。「狩猟と哲学、どちらも活動の目的それ自体は蔑まれることがあるかもしれない。しかし、この活動に集中しているときには、私たちはこの目的にたいへん集中していて、予期していたものが得られないときには非常に不快になる。つまり、ゲームでミスをしたり、推論において誤りに陥ったりすれば、私たちは残念に思うのである」(同 p.289／202頁) と。

有用性や重要性を感じる獲物を手に入れようとする狩猟は、哲学でいえば、例えば前項で見たように、「幸福」という一般名辞をめぐる多声の響き合いの中で探究されるゲームとなる。「幸福」についての一つの声 (例えば「快楽の生活」を重視する人の声) は懐疑によって別の声 (「哲学的献身」を重視する人の声) を誘発し、その声もまたさらなる懐疑の対象となることを通じて、多声の響き合いが現出し、そのまとまりのなさの中で獲物が「図」をなすように浮かび上がる地点が共同探究されるのである。

3.「第三者の地位に立つ」ための修行――『草枕』

以上のように、「哲学」を、複数の声の響き合いの中で、懐疑や吟味にさらされながら、より批判に耐えるものの見方を求めて展開される狩猟ゲームへの参加と捉えるとすると、それは漱石の『草枕』の中の画工が「画」を探して修行するプロセスと似ている。画工は「詩人」のあり方を次のように述べている。

恋はうつくしかろ、孝もうつくしかろ、忠君愛国も結構だろう。しかし自身がその局に当れば利害の旋風に捲き込まれて、うつくしき事にも、結構な事にも、目は眩んでしまう。従ってどこに詩があるか自身には解しかねる。

これがわかるためには、わかるだけの余裕のある第三者の地位に立たねばならぬ。三者の地位に立てばこそ芝居は観て面白い。小説も見て面白い。芝居を見て面白い人も、小説を読んで面白い人も、自己の利害は棚へ上げている。見たり読んだりする間だけは詩人である。(夏目漱石『草枕』13 頁／全集 3 巻 8-9 頁)

「第三者の地位に立つ」ことによってはじめて見出される「詩」とは、「苦しんだり、怒ったり、騒いだり、泣いたり」といった「世間的の人情を鼓舞するようなものではない」とされる。「同情だとか、愛だとか、正義だとか、自由だとか、浮世の勧工場にあるものだけで用を弁じている」のでなく、「俗念を放棄して、しばらくでも塵界を離れた心持ちになれる詩」を見出したいと画工はいう（同 13-14 頁／全集 3 巻 9-10 頁)。そのために「有体なる己れを忘れ尽して純客観に眼をつくる」(同 18 頁／全集 3 巻 14 頁) 修行に取り組もうとする。森田草平宛の書簡における漱石自身の解説によれば、画工は、人間を、松や梅のように自然の一部として、「全く人情をすてて見る」か、そこまでいかずとも、「尤も非人情に近い人情（能を見るときの如き）で人間を見よう」（夏目漱石『漱石書簡集』170頁／全集22巻591頁）と企てるのである。

そして、この企てを促進してくれる声が、『草枕』のもう一人の主人公、那美の声である。例えば、都会と田舎とどちらがよいかということをめぐって二人は、次のように会話する。

「ここと都と、どっちがいいですか」
「同じ事ですわ」
「こういう静かな所が、かえって気楽でしょう」
「気楽も、気楽でないも、世の中は気の持ちよう一つでどうでもなります。蚤の国が厭になったって、蚊の国へ引越しちゃ、何にもなりません」（夏目漱石『草枕』58頁／全集3巻54頁）

あるいは、二人の男性に懸想されて、川に身を投げた「長良の乙女」が詠んだ歌（「あきづけばをばなが上に置く露の、けぬべくもわは、おもほゆるかも」）をめぐり、二人は次のような会話を交わす。

「しかしあの歌は憐れな歌ですね」
「憐れでしょうか。私ならあんな歌は咏みませんね。第一、淵川へ身を投げるなんて、つまらないじゃありませんか」
「なるほどつまらないですね。あなたならどうしますか」
「どうするって、訳ないじゃありませんか。ささだ男もささべ男も、男妾にするばかりですわ」（夏目漱石『草枕』60頁／全集3巻55-56頁）

写真提供　ユニフォトプレス

図2-1　ジョン・エヴァレット・ミレイ『オフィーリア』
（1851年-1852年、テート・ブリテン美術館）

このように画工は、那美とのやりとりを通じて、自分が「非人情に人間を見る」態度に徹していないことに気づかされる。そして、那美については、「普通の役者は、舞台へ出ると、よそ行きの芸をする。あの女は家のなかで、常住芝居をしている。しかも芝居をしているとは気がつかん。自然天然に芝居をしている。あんなのを美的生活とでもいうのだろう。あの女の御蔭で画の修行が大分出来た」（同151頁／全集3巻146-147頁）とまで考えている。

しかし、どういうわけか、那美自身を画に描こうとすると、何かが足りないという懐疑が画工に生まれる。画工の脳裏に浮かぶのはミレイのオフィーリアで、その顔を那美にすることを思いつくが、それでも何かが足りない。そして、ようやく、次のことに気づく。「多くある情緒のうちで、憐れという字のあるのを忘れていた。憐れは神の知らぬ情で、しかも神に尤も近き人間の情である。御那美さんの表情のうちにはこの憐れの念が少しもあらわれておらぬ。そこが物足らぬのである」（同128頁／全集3巻123頁）。

このように声と懐疑の連なりの中で非人情に人間を見る態度（「第三者の地位に立つこと」）を修練するプロセスを経て、画工は那美には「憐れ」という人情が不足しているということに気づく。

しかし、ここで改めて問いたい。「非人情に人間を見る」とは、何をどのように見ようとする試みなのだろうか。漱石は、『草枕』の画工のような作中人物に挑ませただけでなく、自らも『文学論』のような探究を通じて、この試みに取り組んでいる。また、ヒュームも、幅広い読者を想定したエッセイにおいて多様な声を紹介しただけでなく、『人間本性論』のような探究を通して、この試みに取り組んでいる。そこで、『文学論』と『人間本性論』を参照しながら、漱石とヒュームにおける「非人情に人間を見る」ための探究方法の特徴について考えてみよう。

4. 人間において生じる「F＋f」を眺める観点——人間的自然論

まずは、漱石の『文学論』の第一編冒頭の次の一節に注目したい。

> 凡そ文学的内容の形式は（F＋f）なることを要す。F は焦点的印象または観念を意味し、f はこれに附着する情緒を意味す。されば上述の公式は印象または観念の二方面即ち認識的要素（F）と情緒的要素（f）との結合を示したるものといい得べし。（夏目漱石『文学論（上）』31 頁／全集 14 巻 27 頁）

漱石がここで述べている「印象または観念」という表現は、ヒュームの『人間本性論』第 1 巻冒頭の二文を連想させる。

> 人間の心に現れるすべての知覚は、二つの異なる種類に分かれる。それぞれを印象と観念と呼ぶことにしよう。両者の差異は、それらが心を打つときに、つまり私たちの思考や意識に入ってくるときにもつ

勢い（force）と生気（liveliness）の程度にある。（ヒューム『人間本性論』Ⅰ-1-1, p.7／13 頁）

前章末尾で見たように、ヒュームによれば、知覚とは別個の私自身とか心自体については、何も観察できない。私たちが「私自身」とか「心」と呼ぶものが、諸知覚の生成継起する場のようなものにすぎないにもかかわらず、「私自身」という同一不変の存在者を想定してしまう私たちの「傾向性」はどのような機制によるものなのだろうか。このような問いこそが、ヒュームが『人間本性論』で取り組む問いである。自分自身が同一であるという信念についての問いだけではない。私たちが知覚しようがしまいが世界が実在するという信念や、その世界には因果法則が成り立っているという信念、そして、世界を創造した神がいるとかいないといった信念、さらには善悪の区別は実在するという信念などを私たちはもっている。これらの信念は、一見、心が継起する諸知覚を能動的に束ねて、自分で作ったものであるかのように見えるが、諸知覚を束ねて信念を作る心そのものについて、私たちは経験できないのだから、そのような語り方をやめ、諸知覚がさまざまな信念へと形成されていくときに、何が生じているのかを探究しようというのである。

ヒュームはこの試みを「論理学」と呼び、「その唯一の目的は、私たちの推理機能の諸原理、諸作用、つまり、私たちの諸観念の本性（nature）を説明することである」と述べている。この「ネイチャー」という語は、たしかに「本性」と翻訳することもできるが、ラテン語の「ナトゥーラ」やギリシア語の「フュシス」といった原語にさかのぼれば、「生成」と翻訳することもできることを忘れてはならない。つまり、私たちの印象と観念の生成変化を観察することを通じて、人間の抱く信念・情念、人間の営む行動、そこから生まれる生活様式や社会制度などの生成変化を、因果的連関として一定度理解可能なものへと導く、隠れた諸原理、諸作用（人間本性）を探究し、それら生成変化（人間的自然）の説明を試みるのが、ヒュームの『人間本性論』である。いいかえれば、「人間」と呼ばれる者たちが心に抱く「印象または観念」の自然な生成を観察することを通じて、「人間」の信念・情念、行動、社会が生成変化していく現象（人間的自然）を探究対象として浮かび上がらせ、その生成変化を導く諸原理（人間本性）を明らかにしようとする企てである。その意味において、それは「人間的自然論」と呼んでもよいだろう。

さて、漱石もまた、『文学論』において、人間の「印象または観念」に着目することによって、文学的内容をもつ言葉が人間の集合における「認識的要素（F）」と、それに附着する「情緒的要素（f）」にどのような影響や作用を及ぼし、その結果、人々の意識をどのように変えていくかについて観察し説明しようと試みている。このような試みは、漱石の言葉を用いれば、人間において生じる「F＋f」の作用とその作用が生成するものを明らかにしようとする試みであり、これはヒュームの人間的自然論と同様の企てといってよいだろう。

彼らはともに「人間的自然」の生成変化を描くために、人間の「印象または観念」に着目し、その「解剖」を重視する。

漱石によれば、科学者の態度は、自然現象がどのように生じるのか、そのメカニズムを叙述するために、顕微鏡を用いて事物を精密・緻密に分解して対象の全体を概括しようとするが、文学者の態度は肉眼を用いて例えば性格を解剖し、「文学的に必要なる部分を引き立たしめ、必要ならざる部分を後景に引き込ましむる」ことを通して、「全局の活動を目的とする」、つまり、描こうとする対象の本性を生きたもののように躍動させて読者を幻惑しようとするという（『文学論（上）』298-303頁／全集14巻227-231頁）。

これに対して、ヒュームは、人間を自然として眼差し、そのありようを探究する哲学者の態度を次のように述べている。

> 彼らは人間的自然（human nature）を思弁の一つの主題とみなす。そして、私たちの知性を規制し、感情を喚起し、ある特定の対象・行動・ふるまいを是認したり否認したりさせる原理を見出すために、精密な探索を通じて、人間的自然を吟味する。彼らは、哲学がいまなお、道徳・推論・批評の基盤を論争の余地なく確定していないこと、また、真と偽、徳と悪徳、美と醜について、その区別の源泉を決定できずに論じていることを、すべての学芸にとっての汚辱と考えている。彼らはこの骨の折れる仕事を試みている間、どんな困難にもひるまず、特殊な諸事例から一般的な諸原理へと進み、より一般的な諸原理へと探究を押し進め、すべての学においてすべての人間の好奇心を限界づける始原的な諸原理に達するまで満足しない。［中略］すべての文芸は、さまざまな状態や状況における人間生活の描写にほかならない。［中略］芸術家は、繊細な趣味と迅速な理解力のほかに、知性の内的組成、諸作用、情念の働き、徳と悪徳を識別するさまざまな感情についての正確な知識を持っている。［中略］解剖学者（anatomist）は、最もおぞましく不快な対象を目に提示する。しかし、彼の学は、ヴィーナスやヘレネーを描く上で、画家にとって有用なのである。（ヒューム『人間知性研究』§1, p.87-90／3-7頁）

つまり、ヒュームが試みる人間的自然の哲学的探究も、漱石と同様に、肉眼による観察を通じて特殊な諸事例を収集する。ただし、ヒュームによれば、哲学者の場合、それら諸事例をばらばらでまとまりのないままに放置することなく、それら特殊な事例を理解可能にする一般的な諸原理という獲物を見通す視座が得られるまで、狩猟を続ける。そして、ヒュームの場合、そのような哲学的探究を促すのは、好奇心やそれができないことへの不安などの情念である。つまり、探究者にとって、未知で好奇心をかきたてる問題をめぐる混沌がひとつのまとまりをもって現れる視座と、その視座への満足の限界に到達するところまで観察と探究を続けることが、人間による人間的自然を対象とした哲学的探究、すなわち解剖学である。そして、この解剖学は、人間を生き生きと描こうとする画家にとっても有用であると考えられている。

もっとも、以上のようなヒュームや漱石の試みに対しては、人間において生じる「F＋f」の作用とその作用から生成するものを明らかにすることなど神ならぬ人間に可能なのだろうかという懐疑が向けられることは避けがたい。実際、『草枕』において、画工は「画の修行」の恩人として那美に感謝しつつも、「憐れは神の知らぬ情で、しかも神に尤も近き人間の情である。御那美さんの表情のうちにはこの憐れの念が少しもあらわれておらぬ。そこが物足らぬのである」（『草枕』128頁／全集3巻123頁）といい、「第三者の地位に立つ」那美の態度の不自然さを指摘している。しかし、そのような懐疑を抱く画工自身が、日露戦争に出征する従弟と、満州へ旅立つ元夫を乗せた汽車を茫然と見送る那美の表情を「非人情」に見ることによって、那美の表情に「今までかつて見た事のない「憐れ」が一面に浮いている」（同175頁／全集3巻171頁）ことに気づく場面で『草枕』は閉じられている。人間でありながら人間的自然の生成の仕方と行方を第三者の地位に立って見定めようとする探究者としての漱石の覚悟をここに読むこともできるだろう。

5.「心」という劇場――「知覚の束」の生成

以上、漱石とヒュームの企ての類似点を検討してきたが、両者の相違点についても付言しておこう。それは、漱石の場合、「焦点的印象または観念」(F) に「情緒」(f) が附着すると述べているのに対し、ヒュームの場合、「焦点」という表現ではなく、「知覚の束」という表現を用い、諸知覚間のつながりを強調している点である。

前章末尾の引用で示した通り、私たちは、思想や意見において一貫性を欠く人物であっても、そのような人物なのだとして彼を通時的に連続した同一の人格とみなす。ヒュームによれば、私たちが自他に認めるこのような「人格同一性」は信念にすぎない。この信念を生む機制は第3章と第4章で検討するが、「人格同一性」という信念は、断絶した諸知覚(その人物についての未知の部分)を、自分にとって既知の類似の諸知覚や、因果的に連関する諸知覚で埋めることによって単純で同一な人格であるかのように見せる諸知覚の束(一定の人格)を安定して生成する想像力や記憶の働きが生み出すものとされる。

それは諸知覚の生成継起を放置することなく諸知覚をつなげ、しかも単なる諸部分の寄せ集めでなく、部分が全体のために、全体が部分のために働き合うような有機的な信念へと諸知覚を束ねる働きであり、ヒュームによればその働きこそが想像力の働きであるとされる。想像力が生むのは人格同一性についての信念だけではない。外界の連続的で独立的な存在についての信念、あらゆる出来事についての因果的な信念、他者の心についての信念、神(出来事の未知の究極的な諸原因)についての信念、さらにはこの章で見たような「幸福」や「憐れ」などといった抽象的な観念についての信念にまで及ぶ。信念とは、流動するバラバラな諸知覚が想像力の働きによって束ねられた「知覚の束」であり、それは生き生きとした勢いを伴う印象として心に生彩を与える。信念が頑迷な偏見や中身のないものに変質することなく生彩を保って心を支え続けるには、異なる信念を形成する言葉や声(『草枕』の画工の言い分によれば

「芝居気のない芝居」など）に触れ、自らの信念を揺さぶりながら「第三者の地位」をめざす非人情の旅が有効である。しかし、先にも述べた懐疑の声が聞こえてくる。あらゆる信念の生成の機制を解剖する第三者の地位をめざし続けることなど、私たちに可能なのだろうか、と。この懐疑が何を意味し、何を促すのか。ひきつづき次章で検討することとしよう。

参考文献

デイヴィッド・ヒューム『道徳・政治・文学論集』（田中敏弘訳、法政大学出版局、2011年）

――『人間知性研究』（斎藤繁雄・一ノ瀬正樹訳、法政大学出版局、2004年）

【ただし、この２つの著作からの引用は、すべて著者が翻訳した。その際、テキストは、*Essays Moral, Political, and Literary,* ed. Eugene F. Miller, Liberty Fund, 1987と、*An Enquiry concerning Human Understanding,* ed. Tom L. Beauchamp, Oxford U.P., 1999を用い、引用に際しては、原典のページ数と翻訳の該当箇所ページ数を併記した。】

夏目漱石『草枕』、『漱石書簡集』、『文学論』

3 信念と懐疑
――「淋しさ」の源と処方箋

勢力尚雅

《目標＆ポイント》 自分が抱く信念をひたすら信じ抜くことも、ひたすら疑うこともできないジレンマはどのように生じるのか。そのジレンマに伴う哲学的憂鬱や「淋しさ」とはどのようなものか。そのような憂鬱を滑稽とみなす観点はどのように生成するのか。夏目漱石のテキストを参照しながらこのテーマに近づき、このテーマをめぐるヒュームの考察を理解する。
《キーワード》 性格、システム 1、システム 2、非蓋然的蓋然性、ジレンマ、淋しさ、常軌を逸した懐疑、危険な迷信と滑稽な哲学

1.「人間ほど的(あて)にならないものはない」――『坑夫』

私たちは互いの心や性格といったものが「まとまったもの」、安定的なものとして存在すると信じて日常生活を送っている。いや、心や性格だけではない。私たちは、身の周りの世界も安定的なものとしてとらえている。例えば、私が見ようが見まいが、愛用しているコップも、窓外の山もあるし、多くの現象や出来事は因果的規則によってその変化を説明、予測することもできる。このような現実認識は、すべての知的な存在者にとって同一で自明なことであるかのように考え、過ごしている。

しかし、ほんとうにそうなのだろうか。第 1 章で紹介したシャロットの女と同様、私たちは心に去来する諸知覚以外の、心の外にある世界の実相そのものを見ることなどできないのではないか。また、その知覚を

束ねてさまざまな信念を生成する想像力の習慣的な働きは、それらの信念の根拠をそれ以上疑うことができないほど、合理的な作用なのだろうか。漱石は、次のような言い方で、人間ほど的にならないものはないと述べている。

> 人間のうちで纏(まとま)ったものは身体だけである。身体が纏ってるもんだから、心も同様に片附いたものだと思って、昨日と今日と丸で反対の事をしながらも、矢張り故(もと)の通りの自分だと平気で済ましているものが大分ある。のみならず一旦責任問題が持ち上がって、自分の反覆を詰られた時ですら、いや私の心は記憶があるばかりで、実はばらばらなんですからと答えるものがないのは何故だろう。こう云う矛盾を屢(しばしば)経験した自分ですら、無理と思いながらも、聊(いささ)か責任を感ずる様だ。して見ると人間は中々重宝に社会の犠牲になる様に出来上ったものだ。
>
> 同時に自分のばらばらな魂がふらふら不規則に活動する現状を目撃して、自分を他人扱いに観察した贔屓目なしの真相から割り出して考えると、人間程的(あて)にならないものはない。約束とか契(ちかい)とか云うものは自分の魂を自覚した人にはとても出来ない話だ。又その約束を楯にとって相手をぎゅぎゅ押し附けるなんて蛮行は野暮の至りである。大抵の約束を実行する場合を、よく注意して調べて見ると、どこかに無理があるにも拘らず、その無理を強て圧(お)しかくして、知らぬ顔で遣って退けるまでである。（夏目漱石『坑夫』32-33頁／全集5巻27頁）

ヒュームが『人間本性論』で論じた諸問題は、漱石がここに記している不思議議を成り立たせている機制をスケッチする試みであったといってもよいだろう。以下に、私たちが「現実」という一般名辞を用いて呼んでいる対象についての「知覚の束」がどのように形成されているのか、ヒュームのスケッチを確認することとしよう。

2.「システム 1」の強力さ

まず、外的対象の連続的存在についての信念がどのように形成されるかについてのヒュームのスケッチから見ていこう。例えば、私たちの目前にある机、コーヒーカップ、窓外の山などは、私たちが目を閉じ、頭の向きを変えるなどして知覚を中断しても、再びそれらに目を向けるならば、知覚の中断前と同一の斉一的な仕方で現れる「恒常性」をもっている。また、暖炉に火をくべたまま不在にするときのように、私たちが長時間知覚を中断した後に戻ってきて得られる知覚には、過去に経験した事例と整合的な変化（「変化における整合性」）をいつも確認できる。このような知覚の恒常性と整合性という経験は、知覚の原因自体の連続的存在の証拠ではないのだが、私たちの想像力は、前者の経験（外的対象の知覚の恒常性と整合性）から、後者の経験（外的対象そのものの不変的・連続的存在）というフィクションを仮説形成し、それを仮説と気づかない傾向性をもつとヒュームは見ている。これに関連して、ヒュームはさらに興味深い論述を残している。

> 中断も変化もしない対象を私たちが考察するときに用いる想像力の活動と、互いに関係づけられた対象の継起を私たちが反省するときに用いる想像力の活動は、ほとんど同じように感じられ、後者の場合に前者の場合よりも思考のずっと大きな努力が必要となるわけではない。関係は、ある対象から別の対象への心の移行を促進し、単一の連続する対象を見ている時と同じくらいその移行を円滑にする。この類似性が、混同と誤りの原因であり、互いに関係づけられた対象の想念

の代わりに、私たちに同一性の想念を代用させるのである。（ヒューム『人間本性論』Ⅰ-4-6, p.166／288 頁）

日本の文化には「無常」という見方がある。私たちが生きているこの世界は、一瞬たりとも同じでなく、一瞬一瞬類似して見えるものの、実は不断に移ろい続けているという見方である。しかし、私たちは世界を見る際に、このような見方を継続せず、類似性を同一性と取り違え、ほとんどの場合、この世界を、不変で同一で規則的なものとみなして生きている。何十年、何百年と祭で使う道具や、日本という国も、そこに住む人間も、個々人の心や身体も、不断に変化、流動していて、厳密な意味で同一ではない。にもかかわらず、共通目的のために働いているものや、互いに類似、接近、因果の関係にあるものを私たちは、「関係づけられたもの」としてではなく、「同一のもの」として括り、それに名前やレッテルを案出して取り扱い、あたかも同一の実体として存在するかのようにそれを捉えようとする。こうして、「日本らしさ」とか「君らしさ」などの言葉で束ねられたものが、いつしか「日本」や「君」の不変の本質と同一視されるようになる。私たちが数十年ぶりに会った友人でも昔と同じ人とみなすのも、このような想像力の強力な傾向性のゆえであるとヒュームは見ている。

そして、ヒュームによれば、類似を同一性と混同する想像力の同様の機制が、私たちの因果的認識を可能にする。私たちは、類似の前後関係のくり返し（恒常的連接）を観察すると、それを同一の規則性と感じ、まだ経験したことのない領域にもその規則性が存在すると空想するようになる。つまり、私たちの想像力は、過去において印象に残った類似の前後関係のくり返しの経験を同一の規則性とみなし、さらに未来においてもそれと同一の規則性が必然的に生じるにちがいないという根拠のないフィクションを忍び込ませることによって、未来についての信念を形成してしまう。

したがって、冷静に考えれば、次のような事情の下でなされる推理は、「非哲学的な蓋然性」しかもたない推理なのだが、私たちは、そのような推理も因果的判断と同じ程度の確実性を持つものと空想してしまう。

① 恒常的連接についての十分な数の観察が不足している場合
② 相互に反する観察がある場合
③ 目前の印象とこれまでの観察との類似が不正確である場合
④ 目前の印象が不鮮明である場合
⑤ 一般的規則を過剰に適用してしまう場合

以上のようなヒュームの洞察は、ダニエル・カーネマン（Daniel Kahneman 1934-）が『ファスト＆スロー』の中で「システム1」や「速い思考」と呼んだ思考と似ている。それは、自動的、直感的で、高速に働き、自分でコントロールしているという感覚を持てない判断で、意識を用いて注意してゆっくりと作動する「システム2」の判断と区別される。カーネマンによれば、私たちはシステム1の働き故に、因果関係を推定・発明したり、手元に無い情報や両義性を無視したり、感情的な印象で評価したり、自分が信じたことを裏付けようとし、利得より損失に強く反応し、難しい問題をシンプルな問題に置き換え、次元の違うもの同士のレベルを

写真提供　ユニフォトプレス

図3-1　ダニエル・カーネマン

合わせ、状態全体よりも目先の変化に敏感になる。したがって、システム１は、思い込み、偏見、錯覚の元である。しかし、このシステム１の働きは、人類の進化の過程の中で有用な働きとして作動してきたためか、根強く、自信過剰で、システム２の働きは大抵怠惰なため、自分の直感を疑うことはとても不快である、とカーネマンは指摘する。

そして、ヒュームの場合、「速い思考（システム1)」の誤りを冷静に批判する「遅い思考（システム2)」もまた、想像力の働きにすぎず、想像力とは異なる理性なるものの働きは、人間においてはきわめて弱いのではないかと疑う点に特徴がある。その論点を確認していこう。

3. 想像力をめぐるジレンマ

そもそも私とは何で、どのような世界にいて、誰にすがり、誰を恐れるべきなのか。この問題についてヒュームは『自然宗教に関する対話』という対話篇の中で、さまざまな仮説とその妥当性を検討している。

例えば、私たちの身体（目の構造など）を含め、世界には、部分と全体、手段と目的の精妙な適合を観察することができる自然の作品が満ちあふれている。それらは、偶然できたものとは考え難く、手段と目的の適合という点で、時計のような人間の作品に類似していると感じる人がいるかもしれない。そのような人の中には、時計のような人工品の原因は人間のデザイン（意図・計画）だから、自然の作品をつくりだした原因として、人間の知性をはるかに超えた知性の存在が類推できると考える人もいるだろう。

しかし、これに対し、この世界や宇宙は、部分が全体のために、全体が部分のために働いている点で、それらは知的デザイナーがつくったものというよりも、動植物のような有機体に類似しているという考えもありうるかもしれない。世界を時計のような作品と類似と見なすか、動物のような有機体と類似と見なすか、あるいはそれらと全く別の類比を感じとる人もいるだろう。何かと何かの類似を直観的に把握するとしても、ある人は、ごく一部だけを比較して類似しているといい、別の人は、より広い範囲、理想的には全体にわたって細部を比較し、類似点よりも相違点に印象づけられるかもしれない。このとき、全体や細部について比較するには、想像力は欠かせない。各自の確信を支える見方（どのような点でどの程度似ているのかという見方）を探すのは、想像力の働きによる。

そして、目前の印象が、過去のどのような規則性に類似しているかを発見するのが各自の想像力の働きによるものであるとすれば、想像力の示唆する語り方は無数にありえる。しかし、そのすべての語りに同意するというオプションを受け入れるとすると、それは迷信や空想や偏見など、数々の「誤った推理」へと迷い込み、それに気づかない危険に通じてしまう。だからといって、想像力が私たちを欺く事情を計算し続ける潔癖な理性による自己精査を徹底的に続けるとすれば、何一つとして判断を下すことができない、際限のない懐疑へと迷い込む危険にさらされることになる。このようなジレンマに立ち至って、ヒュームは、次のような憂鬱を吐露する。

> 私は、すべての信念と推理を拒否する用意ができていて、いかなる意見をも、他のものより蓋然的であるとか、よりありそうであると見なすことさえできないのである。私はどこにいるのか。また、私は何なのか。私はいかなる原因から私の存在を得ているのか、そしてどんな状態に戻るのであろうか。私は誰の好意にすがるべきなのか。そして、誰の怒りを恐れるべきなのか。いかなる存在者が私を取り巻いているのか、そして、誰に対して私は影響力をもっていて、誰が私に対

して影響力をもっているのか。私はこれらすべての疑問によって茫然自失し、自分を、最も深い暗闇に取り巻かれ、すべての器官と能力の使用を全く奪われて、想像できるかぎり最も哀れむべき状態にいると空想し始めるのである。（ヒューム『人間本性論』Ⅰ-4-7, p.175／304頁）

想像力に身をまかせることも、想像力に抵抗し続けることもできないジレンマに直面する際の苦境は、あたかも自分がこの世界にくつろぐことのできない異邦人であることを自覚する疎外感といってもよいかもしれない。この疎外感に耐えられず、開き直って、偶然自分に立ち現れたものの見方（何かと何かの類似や規則性に心奪われて形成された「知覚の束」）を「現実」や「真実」と信じるという姿勢を貫けばよいではないかと考える人もいるかもしれない。しかし、「信じることを貫く」ということを集団的に行うことによって、正気と真面目さを集団的に喪失してしまうということもありうる。こうして、自分の信念を保ち続けることへのためらいや心細さを抱え続ける「淋しさ」を完全に拭い去ることができなくなる。このような事態は、漱石の作品にも見ることができる。例えば、漱石の『こころ』という作品において「先生」が抱える「淋しさ」である。「先生」は若い時分に親友であったKに下宿先の娘さんへの恋心を打ち明けられたにもかかわらず、Kを出し抜いてその娘さんとの結婚を決めてしまい、Kはその直後に自殺してしまう。その因果か、「先生」は、自分を慕ってくる青年に向けて次のように発言している。

「私は淋しい人間です」と先生はその晩またこの間の言葉を繰り返した。「私は淋しい人間ですが、ことによると貴方も淋しい人間じゃないですか。私は淋しくっても年を取っているから、動かずにいられるが、若いあなたはそうは行かないのでしょう。動けるだけ動きたいのでしょう。動いて何かに打つかりたいのでしょう。……」[中略]

「あなたは私に会ってもおそらくまだ淋しい気が何処かでしているでしょう。私にはあなたのためにその淋しさを根元から引き抜いて上げるだけの力がないんだから。貴方は外の方を向いて今に手を広げなければならなくなります。今に私の宅の方へは足が向かなくなります」

先生はこういって淋しい笑い方をした。

（夏目漱石『こころ』22-23 頁／全集 9 巻 21 頁）

「私は過去の因果で、人を疑りつけている。だから実はあなたも疑っている。しかしどうもあなただけは疑りたくない。あなたは疑るにはあまりに単純すぎるようだ。私は死ぬ前にたった一人で好いから、他を信用して死にたいと思っている。あなたはそのたった一人になれますか。なってくれますか。あなたははらの底から真面目ですか」

（夏目漱石『こころ』83 頁／全集 9 巻 88 頁）

4. 常軌を逸した懐疑を滑稽とみなす観点の生成

『こころ』の「先生」は、人間が真面目に倫理的向上をめざす可能性を信じる態度と、その可能性を疑い続ける態度を抱え、この対極的な二つの態度を意識したまま生きることに伴う「淋しさ」を湛えている。しかし、青年が「先生の過去が生み出した思想」から真面目に教訓を得たいと自分にぶつかってくることについに心動かされ、この近づいてくる青年の打算を疑う態度を保留し、自分がどのように生き、考えてきたかを語り始める。その告白は、ヒュームと同郷の小説家ロバート・ルイス・

スティーヴンソン（Robert Louis Stevenson 1850-1894）の『ジキルとハイド』で語られる次のような自己分析とよく似ている。

> 私の場合、自らに設けた精神の高みのせいで、病的と言えるほどの羞恥心を覚え、ただひたすら隠すしかなかった。だから、私という人間をかたちづくったのは私の欠点である退廃志向ではなく、生来の飽くなき野望と言える。そして、人間は善と悪という複雑な二面性を持つものだが、私の場合、その善と悪との領域を隔てる溝がその野望のためにより深かった。［中略］ふたりの私はどちらも真面目そのものだった。抑制が利かず、汚辱にまみれる私も、白日のもと、知識の蓄積や、人の悲しみや苦悩の救済に勤しむ私も、どちらも同じ私だった。［中略］人間というものは最終的に、それぞれ異なる多種多様な独立した住人たちの住む純然たる集合体として理解されるようになるだろう。［中略］この相容れない二本の薪がひとつの束にくくりつけられていることこそ、人類の呪いなのではないか。悶え苦しむ意識という子宮の中で、北極と南極ほどにもへだたった双子がひっきりなしに取っ組み合っていることこそ。それでは、どうすれば彼らを分離することができるのか。（スティーヴンソン『ジキルとハイド』112-115頁）

写真提供　ユニフォトプレス

図3-2　ウィリアム・ブロディ
（William Brodie 1741-1788）
（家具師、組合長、エジンバラ市会議員、押し込み強盗犯。『ジキルとハイド』のモデルともいわれる。）

この一節の「二本の薪」を、「ひたすら信じる」と「ひたすら疑う」という対極的な二本の薪と読み替えれば、それは『こころ』の「先生」や、ヒュームの懐疑が立ち至った地点と重なる。つまり、「精神的に向上心のないものは、馬鹿だ」(夏目漱石『こころ』239-240頁／全集9巻258-260頁)といった言葉で表現される見方を信じるジキルやKのような心と、そのような「真面目」な心を疑う心とが同居する「淋しい」地点である。『こころ』では、「先生」だけでなく、Kすらもまた、この地点に立つ瞬間が鮮やかに描かれている。

この地点において、ジキルとハイドは、この「二本の薪がひとつの束にくくりつけられていること」を「呪い」と考え、両者を分離する道を探ろうとした。しかし、ヒュームは、「二本の薪がひとつの束にくくりつけられていること」が自然の知恵だとすら考えているようにみえる。なぜなら、前項でヒュームが立ち至った「憂鬱」を引用したが、その一節の直後で、「憂鬱」に続いて自然に生じることについてヒュームは次のように証言しているからだ。

非常に幸運にも、理性がこれらの暗雲を追い払うことができないので、自然自体がこの目的のために十分であり、心のこの傾向を緩和することによってか、あるいは、これらすべての幻影を消し去る気晴らしと、生き生きとした感覚の印象によって、この哲学的な憂鬱と譫妄から、私を癒してくれるのである。私は、友人と食事をし、バックギャモンをして遊び、会話をし、愉快になる。そして三時間か四時間楽しんだ後でこれらの思弁に戻ろうとすると、これらの思弁が、冷たく無理のある滑稽なものに見えるので、私はこれ以上それらの思弁に入り込む気になれない。

したがって、ここに、私は、日常生活において、自分が、他の人々

と同様に、生き、話し、行動するように絶対的かつ必然的に決定されているのを見出す。［中略］

何かを推論したり信じたりするすべての人々が確かにそうであるように、私も愚か者でなければならないならば、私は自分の愚行を少なくとも自然で快適なものにしたい。私が自分の傾向性に反抗する場合には、自分の反抗のための十分な理由を持ちたい。そして、私がこれまでに出会ったような淋しい孤独や荒れた航海へは、これ以上迷い込まないようにしたい。

以上が私の陰鬱と怠惰の感情（sentiments）であり、実際、私は告白しなければならないが、哲学はこれらの感情に対抗するものを持っておらず、理性と確信の力からよりも、真面目で陽気な性向から、より多くの勝利を期待する。私たちは人生のあらゆる出来事において、やはり私たちの懐疑主義を保存すべきである。「火は温め、水は冷やす」ということを私たちが信じるのは、ただひとえに他の仕方で考えることがあまりに苦痛を要するというだけの理由による。それでも私たちが哲学者であるとすれば、それは、懐疑的原理に基づいてのみであるべきで、私たち自身をそのような仕方で用いたいという傾向性からであるべきである。理性が生き生きとし、何らかの傾向性と混じっている場合には、その理性に同意すべきである。そうでない場合には、理性は、私たちに働きかけるどんな資格も持たない。（ヒューム『人間本性論』Ⅰ-4-7, p.175-176／304-306頁）

ヒュームの場合、以上のように、自分が生き生きと抱く「知覚の束」の誤りの可能性をどこまでも疑い続ける思弁自体が「冷たく無理のある滑稽なものに見える」ようになるのだが、この転回のきっかけは「友人と食事をし、バックギャモンをして遊び、会話をし、愉快になる」経験だという。そして、そのような経験を通じて「真面目で陽気な性向の回復」を遂げたのちに、懐疑を続けることが「滑稽」に見えるテーマと、そうでないテーマとがあることに気づく。懐疑を向け、別の声に耳を澄まし、別の仮説を形成し続ける「反抗」を続けることが自然で快適かどうかを教えてくれるのは、「感情」だというのである。したがって、ヒュームの論述は次のように続く。

> したがって、私は、娯楽にも交友にも飽きて、自分の部屋で、あるいは川辺を独りで歩いて夢想にふけるとき、心が集中してくることを感じ、読書や会話でこれまでに多くの論争とともに出会った主題へと私の視線を運ぶように自然と傾く。私は、道徳的善悪の原理や、政府の本性と基礎、私を動かし支配するいくつかの情念と傾向性の原因を知りたいという好奇心をもつことを禁じ得ない。私は、自分がどんな原理に基づいてそうするのかを知らずに、あるものを是認したり否認したり、美しいとか醜いと呼んだり、真と偽、理性と愚かさについて決定したりすることを考えて不安になる。これらの問題においてかくも嘆かわしい状態にある学問界の現状が心配になる。人類の啓蒙に貢献し、自分の発明・発見によって名を得たいという野心が生じるのを感じる。[中略]
>
> たとえこの好奇心と野心が、日常生活の外にある思弁へと私を運ばないとしても、私は自分の弱さそのものから、このような探究へと必然的に至らざるを得ないだろう。[中略] 人間の心が動物のそれのように日常の会話や行動の主題だけである諸対象の狭い領域に安らい留まることはほとんど不可能なので、私たちがなすべきことはただ、私たちのガイドの選択について熟考し、最も安全で快適なガイドを選ぶということだけである。そして、この点において、私はあえて哲学を推

薦し、どんな種類や名称の迷信よりもためらいなく哲学を選ぶだろう。(ヒューム『人間本性論』I 4-7, p.176／306-307 頁、下線は引用者による)

このように、好奇心、野心、不安と心配などの感情から、日常生活の外にある主題を考える思弁は必然的に始まる。そして、ヒュームは、このような「自然な傾向性のなりゆき」を妨害するものとしての「迷信」の力を警戒している。それは、「自分自身の世界を開き、私たちに全く新しい光景・存在者・対象」を提示する点で、その体系においても仮説においても哲学よりも大胆で、人々の心を強くつかみ、生活や行動を指導する力をもつ。それに対し、懐疑的原理に基づく哲学は、現象に対して、すでにある原因・原理とは別の原因・原理を割り当てることで甘んじ、「正当なものであれば、私たちに穏やかで節度ある感情のみを提示し、虚偽で常軌を逸するものであれば、その意見は冷静で一般的な思弁の対象となるだけで私たちの自然な傾向性のなりゆきを妨害せず」、ただ、「滑稽なだけ」とされる（同 p.176／307 頁)。

5. 危険な迷信と滑稽な哲学に気づく「夢からの目覚め」はどのようにして可能か？

では、自分にとっての自然な思弁が、危険な迷信や、滑稽な哲学に陥っているかもしれないことに私たちはどのように気づくのだろうか。それは、いわば「夢から目覚める」経験の一つに相違ないので、ヒュームの次のような論述に目を向けておこう。

人間本性を非難することに快を覚える人々の観察によれば、人はみずからを支えるには全く不十分であり、外的対象に対する把握力がゆるむと、ただちに最も深い憂鬱と絶望に陥ってしまう。ここから、賭け事や、狩猟や、商売における楽しみをたえず求め続けるということが起こる。私たちはそうすることで、自らを忘れ、精気を不活発な状態から興奮させようとすると彼らはいう。このような考え方に対し、私は次の点では同意する。つまり、心はそれ自体で自らを楽しませる（entertainment）には不十分であり、生き生きとした感じを生み出し、精気を揺り動かす外部の対象を自然に求める。そうした対象が出現すると、心はいわば夢から目覚める。血は新たに脈打ち、心臓は高鳴る。そしてその人の全体は、孤独で穏やかなときには呼び起こすことのできない活気を獲得する。だから、人と一緒にいるということ（company）は、自然にとても心浮き立つものなのである。なぜならそれは、あらゆる対象の中で最も生き生きとしたもの、すなわち、私たち自身と似ている理性的で思考する存在を提示するからである。人は、自分の心の活動をすべて私たちに伝え、最も内奥の感情や情感を私たちに明かし、何らかの対象によって引き起こされるあらゆる情動を、それらが生み出されるまさにその瞬間に、私たちに見させる。生き生きとした観念はどれも快いが、特に情念についての観念はそうである。なぜなら、そのような［情念の］観念は、［共感によって］一種の情念になるのであり、他のどのようなイメージや想念よりも、心に、より感じられる揺さぶり（a more sensible agitation）を与えるからである。（ヒューム『人間本性論』Ⅱ-2-4, p.228／92-93頁、［　］内は引用者が補足）

『こころ』における「先生」と青年の間にも、このような揺さぶりあいが生じたのかもしれない。しかし、友との間の「揺さぶりあい」や共感ゆえに、友とともに新たな夢に沈み、自分たちが危険な迷信や滑稽な哲学的思弁に耽っていることに気づかないという事態もありうるのではないだろうか。仲間とともにどのようにあることがどのように「夢から目覚める」ことに通じるのか。さらに次章で考えてみよう。

参考文献

夏目漱石『坑夫』、『こころ』
デイヴィッド・ヒューム『自然宗教に関する対話』（斎藤繁雄ら訳、法政大学出版局、1975年）
ダニエル・カーネマン『ファスト＆スロー』（村井章子訳、早川書房、2014年）
ロバート・L・スティーヴンソン『ジキルとハイド』（田口俊樹訳、新潮文庫、2015年）

4　自然と人為
――中味と形式をめぐって

勢力尚雅

《目標＆ポイント》 想像力の習慣的な働きが準備してくれるさまざまな信念を信じ抜くことも疑い抜くこともできない「淋しさ」を抱えた中でもなお、他者とともに協調して用いる型や規則が生成し、それらを用いるようになるとすれば、そのような型や規則の生成と、型や規則への参加はどのようにして可能になるのだろうか。夏目漱石のテキストを参照しながらこのテーマに近づき、このテーマをめぐるヒュームの考察を理解する。
《キーワード》 自然と人為両方への懐疑、共感の跳ね返り、プライド、コンヴェンション、一般的観点、秩序、相互信頼

1．自然と人為の両方への懐疑――『道草』

自分が抱く信念をひたすら信じ抜くことも、ひたすら疑い抜くこともできない「淋しさ」の中で、前章に見たような哲学的憂鬱にたどり着いた人が、「友人と食事をし、バックギャモンをして遊び、会話をし、愉快になる」経験を通じて「真面目で陽気な性向」を回復し、自分の愚行を少なくとも快適なものとするための哲学に立ち戻ろうとするという様子は、遠い所に行きついたものの、そこで得た経験自体を忌み、自分の戻るべき場所へと帰還しようと企てる人の姿と重なる。

そのような人は『草枕』の画工のように「非人情」への脱出を通して「画」になる観点を発見しようと企てている人ではない。また、太宰治の

『走れメロス』の終結部のように、「信じられているから」とか「もっと恐ろしく大きいものの為に」といったように、達成すべき目的の実在を確信してその目的のための任務遂行をする人でもない。ともに食べ、遊び、会話する友のいる世界、『草枕』の画工がそこから抜け出そうとした「人情」の世界にある程度帰還する人である。その世界は、前章で紹介した『坑夫』の主人公が看破したように、「自分のばらばらな魂がふらふらと不規則に活動する現状」を自覚することなく、互いに「約束を楯にとって相手をぎゅぎゅ押しつける」野暮な世界でもある。そのような世界にある程度帰還するという姿は、西洋で学問を修めて帰国した『道草』の健三が置かれた境遇に似ている。『道草』の冒頭は次のように始まる。

健三が遠い所から帰って来て駒込の奥に世帯を持ったのは東京を出てから何年目になるだろう。彼は故郷の土を踏む珍らしさのうちに一種の淋し味さえ感じた。

彼の身体には新らしく後に見捨てた遠い国の臭がまだ付着していた。彼はそれを忌んだ。一日も早くその臭を振い落さなければならないと思った。そうしてその臭のうちに潜んでいる彼の誇りと満足にはかえって気が付かなかった。（夏目漱石『道草』7 頁／全集 10 巻 3 頁）

健三にとって自分が戻ってきたこの世界で、ともにある人々の多くは、「金より外には何もほしくない」と考えている「憐れ」な人々である。いろいろと理由をつけて健三に金を無心にくる養父は、この世界の住人を象徴する存在である。しかし、この世界の住人からすると、健三こそ変わった存在といえるかもしれない。少なくとも健三の妻は、健三とは様子が違う。二人のあいだで例えば次のような会話が交わされる。

「貴夫に気に入る人はどうせ何処にもいないでしょうよ。世の中はみんな馬鹿ばかりですから」

健三の心はこうした諷刺を笑って受けるほど落付いていなかった。周囲の事情は雅量に乏しい彼を益窮屈にした。

「御前は役に立ちさえすれば、人間はそれで好いと思っているんだろう」

「だって役に立たなくっちゃ何にもならないじゃありませんか」

（夏目漱石『道草』254-255 頁／全集 10 巻 282 頁）

引越しや掃除の手伝いもできず、とにかく動かない健三は、「傍のものの眼に、如何にも気の利かない鈍物のように映った。彼はなおさら動かなかった。そうして自分の本領を益反対の方面に移して行った」（同 255 頁／全集 10 巻 282 頁）と描かれる。一方、健三の妻はこの世界を「片付け」ながら生きていく術を身につけている。『道草』の最後のシーンはこの二人の態度のコントラストを際立たせている。金の無心にくる養父が書いたという証文を受けとって、「あの人だけはこれで片付いた」と安心する妻に対して、健三はいう。「世の中に片付くなんてものは殆んどありゃしない。一遍起こったことは何時までも続くのさ。ただ色々な形に変わるから他にも自分にも解らなくなるだけの事さ」（同 286 頁／全集 10 巻 317 頁）と。

有用性を重視し、物事を片付けようとする態度のあふれる世界で、そのような態度に懐疑を向けながら生きている健三にとって、新たな一年を新年の挨拶から始めるといった慣習的な物事の片付け方でさえ、「すべて余計な事だ。人間の小刀細工だ」（同 280 頁／全集 10 巻 311 頁）という懐疑の目で眺められる。

2.「共感の跳ね返り」を通しての自己意識の継続

そんな健三でも同情を禁じ得ない人物がいる。それは、養父の後妻である。この女性は不治の病に侵されている。二人の交際は「極めて淡くそうして軽いものであった」ため、かえって「少しも不快の記憶に濁されていないその人の面影」が、「人類に対する慈愛の心」を、硬くなりかけた健三に呼び覚まし、健三はこの人物を「同情の眼を開いて遠くに眺めた」と描かれている（同 170–171 頁／全集 10 巻 186–187 頁）。しかし、この「同情」は、「利害心」を凌駕し駆逐するほど強力ではないので、同情した直後に、健三は「利害心」に襲われている。この女性が亡くなるときに養父がまた健三のもとにお金を無心に来る口実を得るに相違ないと予想し、それを避けたいという「利害心」である。健三のこのようなありようを彼の利己心の強さとして「片付ける」のは単純に過ぎるだろう。私たちの「同情」の微弱さという問題として受け止めるとすれば、この問題をヒュームはどう考えたか見てみよう。

ヒュームによれば、私たちの想像力は「共感」と呼ばれる次のような働きをする。例えば外科手術に向かう人の表情を見た観察者は、たとえそれが相手にしてみれば独りよがりな空想でしかなくても、その他者の心の内で起きていることを過去に見聞きした経験と関連づけて因果的に推理し、その推理とともに現れた情念を生き生きと感じてしまう。このような共感作用は、特に、自分と類似・接近・因果の関係を感じる人の情念の原因・結果を想い浮かべるときに強く継続的に働くが、他方、そのような関係を感じない人に対しては弱く、ときには他者の不幸を自分の幸運と比較して喜ぶ原理としてさえ働く。そして、このような共感は、因果的推理を含むが故に習慣に影響され不随意に生じ、物言わぬ自然や無生物に対してさえ、それと自分との関係を虚構さえして、生じることもある。

ただし、無生物に対して共感する場合と、自分とある程度似た他者に共感する場合とでは重要な相違点がある。それは、後者の場合、その他者もまたこちらが感じる情念に共感しているように感じられるということである。これについて、ヒュームは共感の「反射（reflexion）」や「跳ね返り（rebound）」と呼び、次のように述べている。

> 一般的に次のように言うことができる。人々の心は互いに対する鏡である。心が互いの情動を映すからというばかりではない。こうした情念、感情、意見の光線が、何度も反射され、感じられないほどわずかな程度で弱まっていく場合が、しばしばあるからでもある。例えば、富をもつ人が自分の所有するものから受け取る快は、それを見る者に投射され、［見る者のうちに］快と敬意を引き起こす。そして、この感情が再び［富の所有者に］知覚され、共感されることによって、所有者の快を増大させる。そしてこれがもう一度反射されて、見る者のもつ快と敬意の新たな基礎となる。（ヒューム『人間本性論』Ⅱ-2-5, p.236／106-107 頁、［　　　］内は引用者が補足）

共感の「反射」、「跳ね返り」という経験が何を生むかについて、ヒュームは少なくとも 2 点指摘している。

一つ目は、共感の跳ね返りによって、私たちが、自我の同一性を修正しつつ安定的に感じることができるようになるという点である。まず、私たちは、自分と関係づけられる何か（例えば自分の家や性格など）を見ている他者が感じる快苦に共感することによって、プライド（pride）や自己卑下（humility）を感じる。そして、プライドや自己卑下を感じるときに自分と関係づけられる諸知覚を通じて、「私とは何者か」というストーリーを再構成することが可能になる。具体的にいえば、自分の過去あるいは現在の行動や性格など、自分と関係づけられる諸性質やそれらがもたらす結果に共感する他者の快に共感するときに私たちはプライドを感じる。プライドは視線を自ずとその対象である自分自身に向けさせることが決定されているので、私たちは過去や現在の自分に関係づけられたもの、いわば自分の断片にプライドを感じることによって、それらの断片を「自分」に関連づけられた諸知覚の束の中にあるものとして生き生きと感じることができるようになる。

また、プライドの快を経験することによって名声愛がもたらされる。そして、この名声愛によって、現在の自分と因果的に結びついて予期される未来の自分の状況について私たちは関心をもつようになる。つまり、未来の自分が感じるであろう快苦に共感する他者の快苦に共感することによって、プライドや自己卑下を感じ、未来の自分の状況を生き生きと思い浮かべることができるようになる。前章までに見たように、『人間本性論』第1巻では、通時的に同一な自我の観念は、想像力によって虚構されるものにすぎなかった。しかし、『人間本性論』第2巻では、他者が私たちに対して感じる愛（love）や憎（hatred）に共感することによって、プライドや自己卑下を感じ、それによって、他者の目に映る通時的な自分自身を生き生きと感じるという説明がなされている。これをヒュームは「情念に関する人格同一性」と呼ぶ。それは他者と互いの心を鏡のように映しあう共感を経験して初めて感じることのできる自分自身についての印象である。「私は何であるのか。どのような存在者に囲まれているのか」といった前章で見た懐疑に基づく不安は、このような共感を伴う他者との交流の中で、いわば他者が表現してくれている私の鏡像を観察することによって解消されていくのである。

もう一点は、自分が他者の幸福への関心をもつ社会的存在者であることを自覚するようになるという点である。言い換えれば、共感の反射の経験が、自分自身の同一性を感じさせる契機になるだけでなく、我と汝をつなぐ「鳩の要素」を自らに感じる契機ともなるということである。私たちは他者の快苦を見て、実際に何らかの快苦を感じ、他者の快への快、他者の苦への苦をある程度感じる点で、自分が人間愛を宿す社会的存在者であることに気づく。先に言及した『道草』における健三の「人類に対する慈愛の心」もこの類の共感といえるだろう。

ただし、この種の人間愛を過大評価しないよう、ヒュームは注意を喚起している。というのも、先にも述べたように、ヒュームによれば、共感は、自分との類似・接近・因果の関係を強く感じる対象には強く作用するが、弱く感じる対象には弱く作用する原理だからである。また、他者が感じている苦痛の印象が生き生きとしたものであれば、それを見る私たちの共感は強く働くが、反対に最初の印象が微弱なものであるならば、かえって自分の現在の境遇との比較が働き、他者の苦痛を喜ぶ悪意すら生成してしまうともヒュームはいう。他者の未来の快を願い、他者の感じる苦の原因を憎むような普遍的かつ拡大的な「人間愛」の存在を、ヒュームはフィクションとして斥けるのである。

3. 他者とともに「一般的観点をとる」習慣の生成 ——「コンヴェンション」とは何か

したがって、ヒュームは、私たちにとって自然な道徳を次のように見ている。

> 道徳についての私たちの最初のそして最も自然な感情は、私たちの情念の本性に基づいており、見知らぬ他者よりも自分自身や友人を好む。(ヒューム『人間本性論』Ⅲ-2-2, p.315／45 頁)

では、なぜ私たちは、道徳的判断において、ある程度の意見の一致を実現できているのだろうか。この問題を論じる際のヒュームの強調点は、道徳的判断を行う際に一般的観点に立つことによって可能になる言語使用の効果である。道徳的判断を下す際に用いる言語の特異性について、ヒュームは次のように述べている。

> 人が他者を自分の「敵」「ライバル」「敵対者」「反対者」などと名づけるとき、彼は自愛の言語（the language of self-love）を話しているのであり、彼自身に特異で、彼の特殊な事情・状況から生じる感情を表現しているのである。しかし、人が誰かに「悪徳」「唾棄すべき」「下劣」といった形容辞を与えるとき、彼は［自愛の言語とは］別の言語を話しているのであり、彼の聴衆すべてが彼と一致するはずであると彼が予期するところの感情を表現しているのである。したがって、このとき彼は、自分の個人的で特殊な状況から逸脱し、他者と自分とに共通な観点（a point of view, common to him with others）を選んでいるにちがいない。（ヒューム『道徳原理の研究』§9-1, p.148／139頁、［　　　］内は引用者が補足）

つまり、ヒュームによれば、私たちは誰かを道徳的に評価する際には、自分の利害を表明する「自愛の言語」を用いるときとは別の規則に従っている。「自愛の言語」を用いる際には、自分の特殊な事情や状況から感情を表現するのだが、道徳的評価を表明する際には、自分の個人的で特殊な状況から逸脱し、他者と自分とに共通な観点を選んで、聴衆すべてが彼と一致するはずであると彼が予期するところの感情を表現する言語を使用するというのである。

では、道徳的評価を下す際のこのような言語使用の規則は、どうやって生まれたのだろうか。そして、私たちはそれをどのようにして身につけているのだろうか。ヒュームはいう。

社交や会話における感情の相互交流が、私たちに、ある一般的で不変の基準を形成させる。この基準によって、私たちは性格や生活様式（manners）を是認したり否認したりすることができるのである。そして、心情（heart）がこのような一般的想念（general notions）に味方して、愛と憎を規制するとはかぎらないが、これら一般的想念は、ディスコースにとっては十分であり、人づきあい、説教、劇場、学校における私たちのあらゆる目的に役立つのである。（ヒューム『人間本性論』Ⅲ-3-3, p.385／165 頁）

つまり、「社交や会話における感情の相互交流」によって「ある一般的で不変の基準」が形成されるというのである。そして、それは、道徳的評価が問題になるときだけではない。物の大きさが問題となるときも同様であるとヒュームは考えている。

すべての対象は距離によって小さくなる。私たちの感覚へのそれらの現われが、それらについて判断するときのオリジナルな基準であるのだが、「外的対象は距離によってほんとうに小さくなる」とは私たちは言わずに、反省によって現われを訂正し、それらについてのもっと恒常的で確立された判断に到達するのである。（ヒューム『人間本性論』Ⅲ-3-3, p.384-385／165 頁）

このように、ヒュームによれば、道徳的評価を話題とするときだけでなく、物の大きさを話題とするときも、私たちは対象との距離に応じた見え方の変動を反省によって補正する。しかも、このとき私たちは、他者と約束してそうしているのではない。さらにいえば、「約束」という言葉を使用するときの規則自体、約束によって決めているのではない。「約束」という言葉を他者との間で使用する場合、この言葉に込める意味を互いに予期しあいながら、私たちはこの言葉を用いている。

> 利害関係による交際と利害関係を離れた交際の二種類を区別するために、前者に対してある一定の言語形式が発明され、これによって私たちはある行動をなすように自らを束縛するのである。この言語形式が、いわゆる「約束」と呼ばれる、人々の利害関係による交際の制裁規定（sanction）を構成する。ある人が「私はあることを約束する」と言うとき、彼は実際にはそれを実行する決意を表明しているのであり、それとともに、この言語形式を用いることによって、実行しそこねた場合には二度と信用されないという罰に自ら服すのである。［中略］一定のシンボルやサインを制定して、これによってある特定のできごとにおける行動の保証を互いに与えるならば、人間の諸事象は、はるかに多く相互の利益へと案内されるであろうということを経験が私たちに教えるとき、約束というコンヴェンション（convention）は、新たな動機を創造するのである。（ヒューム『人間本性論』Ⅲ-2-5, p.335／79-80頁）

物の大きさについて判断するときの言葉や、「約束」という言葉の使用法にかぎらず、金や銀が交換の共通基準となり、所持をめぐる法が定まるのも、ヒュームによれば、「コンヴェンション」によってである。では、「コンヴェンション」とは何であろうか。ヒュームは次のように述べている。

このコンヴェンションは、約束と同じ性質のものではない。というのも後で見るように、約束自体でさえ、人間のコンヴェンションから生じるからである。それは、共通利益の一般的感覚（a general sense of common interest）にすぎない。それは、社会の全成員が互いに対して表現しあう感覚であり、その感覚によって彼らが自らの行動を一定の規則によって規制するように誘う。他人の財を相手が所持するままにさせておくことが私の利益になるのは、相手が私に関しても同じ仕方で行為する場合のみであることを私は観察する。そして、相手も、自分の行為を規制することに同様の利益を感じることができる。このような利益の共通感覚が相互に表現され、両者に知られるときに、この共通感覚は適切な決断と行動をもたらすのである。（ヒューム『人間本性論』Ⅲ-2-2, p.314-315／44 頁）

このように、コンヴェンションとは、それに協調して従うことが共通の利益になるという一般的感覚であり、この感覚が人々の利己的な情念に抑制を課し、より適切な方法の共同探究を生む。それは、例えば所持をめぐる争いを緩和するための規則の生成変化も促す。

人間社会の平和と安全はこれら三つの法の厳格な遵守に完全に依存している。これらの法が無視されるとき人々のあいだによい協調を確立する可能性は全くない。社会は人々の安寧（well-being）にとって絶対に必要であり、これらの法は社会を支えるために同様に必要である。これらの法が人々の情念にどんな抑制を課すとしても、それらの法を生んだのは人々の情念なのである。情念を満足させるためのより技巧的で洗練された方法にすぎない。私たちの情念ほど警戒し、発明の才に富むものはない。そして、これらの規則を遵守することへのコ

ンヴェンションほど明白なものはない。（ヒューム『人間本性論』Ⅲ-2-6, p.337／84 頁）

「これら三つの法」とは、ヒュームが「正義の規則」や、「根本的自然法」とも呼ぶ三つの規則、すなわち「所持を安定させる規則」、「同意による所持の移転の規則」、「約束の履行の規則」である。つまり、「今所持している人に所持させ続けよ」という規則が社交の存続にとって不便なものとなったときには、想像力によって連想される規則、例えば「最初に所持した人に所持させよ」とか「長く所持している人に所持させよ」とか「親が死んだときには子どもに所持させよ」などといった他者と一致して利用できる「所持を安定させる規則」を探りあうことによって、人々は「暴力や無秩序にわずかでもドアを開いておくこと」を避けようとする。さらに、最初の所持や長い所持、親の所持といった偶然的な事情を重視することがかえって人々の対立を招く場合には、「所有者の同意によって所有は他の誰かに移る」という規則が生じ、ここに「約束する」という新たな言語形式の使用法についての規則、すなわち「『約束する』と言う人は、何かを実行しなかった場合には二度と信頼されない処罰に服す」という規則への服従が生じてくる。かくして各自がそれぞれの交際範囲の中で、相手も自分と同じように「正義の規則」を守るだろうと互いに想像しながら規則を守りあうことによって、相互の信頼と依存が広まり、結果として正義という有用な制度が社会に徐々に浸透してくるとヒュームは見ている。

また、このようにして生まれてくる正義の規則に反することに「悪徳」という名辞を適用する言語使用も、コンヴェンションの働きによって必然的に生じるとヒュームは考える。

> 不正義が私たちからとても離れていて、私たち自身の利益に全く影響を及ぼさない場合でも、それでもそれは私たちを不快にする。なぜなら私たちは不正義を人間社会にとって損害を与えると、つまり、不正義を犯す人に近づくあらゆる人に害を及ぼすとみなすからである。私たちは彼ら［＝不正義を犯す人に近づく人］の不快を共感によって分かちもつ。そして、一般的に眺める際に（upon the general survey）、人間の行動において不快を与えるものは何であれ「悪徳」と呼ばれ、満足を生むものは何であれ「徳」と呼ばれるのである。（ヒューム『人間本性論』Ⅲ-2-2, p.320／54-55頁、［　　　］内は引用者が補足）

ここでいう「一般的に眺める」とは、先に引用した「自分の個人的で特殊な状況から逸脱し、他者と自分とに共通な観点を選んでいる」ということである。これは、中立公平な神のごとき観察者になるということではない。ある性格を道徳的に判断する際に、次の四つの観点における快・不快に共感し、快を感じさせる性格を「徳」、不快を感じさせる性格を悪徳と呼ぶ言語使用を共に遵守することにコンヴェンションを見出し、そのような習慣を身につけるようになるということである。四つの観点とは、次のものを指す。

① その性格をもつ本人が一般に直接感じる快・不快に共感する観点
② その性格をもつ本人に一般にもたらされる傾向がある快・不快に共感する観点
③ その性格に近づく人が一般に直接感じる快・不快に共感する観点
④ その性格に近づく人に一般にもたらされる傾向がある快・不快に共感する観点

この四つの観点に固執して一般的な判断として道徳的判断を表明しあうという実践は、互いの特殊な事情に固執する「自愛の言語」からの離脱表明である。このような態度表明を相互に示すことを通じて、自分の利害関心だけから判断するゲームを離脱して道徳的な判断を示しあうゲームへの参加を互いに誘いあうようになるというのである。

第3章2節で確認した類似を同一性と混同する想像力の機制という問題も、一般的判断としての信念の表明というこの文脈をふまえると、より理解しやすくなる。なぜ類似を同一性と混同する機制が広く働くのかというと、前後関係で現れる知覚についての「類似のパターン」を一般名辞で整理し、その判断を表明しあい、それが「同一の規則性のくり返し」であるかのように理解しあうことに人々が共通利益を感じるからであろう。たとえば、「火」のそばという知覚には、「熱」という知覚が続いて生じてくるという一般的判断によってその状況を捉えることを繰り返していくと、それと類似の経験は、もはや類似のパターンというよりも、「火」と「熱」という言葉を用いて規則的に理解できる同一の経験であると理解されるようになる。このように、私たちが周囲の人々とともに重視する一般名辞を用いて状況を認識しようとすることにコンヴェンションを感じ、それに合わせようとすることによって、私たちは、より強固な信念を協働して形成している。

以上をふまえ、「コンヴェンション」を「共通利益の一般的感覚」と捉えることでヒュームが描こうとした事態をまとめておこう。

私たちは、「社交や会話における感情の相互交流」を通じて、何かしらの類似のパターンのくり返しに気づくようになる。そして、目前の事態も、その類例に倣って対処することが共通利益となると感じあい、類例に倣った行為をすることによって互いの行為への予測精度を高めつつ、行為することによって、結果としては共同行為に参加するようになる。

その結果、人々のあいだに、「ある一般的で不変の基準」、つまり、慣習としての「型」がしだいに形成されていく。ヒュームは人間的自然のこのような生成を描くために、「コンヴェンション」という概念を導入しているのである。

4. 中味と形式――変容する内面生活と適切な型の折りあいについて

しかし、道徳的評価を下す際の適切な行動の型や、所持物をめぐる適切な行動の型が、コンヴェンションによってもたらされるものだとしても、コンヴェンションによる秩序の共同探究それ自体は、やはり道徳的とはいえないのではないかといった懐疑を向けることはできる。それは空気を読みあうことと同じではないのか。そのような習慣は一般論への固執や、慣れ親しんだ型への固執を助長してしまうのではないかといった懐疑である。

この問題に関連して、ふたたび漱石の発言に目を転じよう。漱石は『道草』よりも前に、明治44年の『中味と形式』という講演の中で、二つの興味深い論点を語っている。

第一に、規則や型は必要なものだという。政をなしたり、教育したり、多くの人を統御したり、個人と個人が交渉する場合ですら、「お辞儀をする」とか「手を握る」などの型がなければ社交が成立しないことがある。型は、「纏めて一括りにしておきたいという念」や、「実際上の便宜のため」に拵えられたものであり、「型自身が独立して自然に存在する訳のものではない」。その意味で、型は、『道草』の健三がいうように「小刀細工」だが、必要なものであると漱石は考えている。

そして、第二に、日本の社会状態は非常な勢いで変化しつつあるので、それに伴い、人々の内面生活もまた、刻々と非常な勢いで変わりつつある。漱石は次のように説いている。

　既に内面生活が違っているとすれば、それを統一する形式というものも、自然ズレて来なければならない。もしその形式をズラさないで、元のままに据えておいて、そうして何処までもその中に我々のこの変化しつつある生活の内容を押込めようとするならば失敗するのは眼に見えている。[中略] 内容の変化に注意もなく頓着もなく、一定不変の型を立てて、そうしてその型は唯だ在来あるからという意味で、またその型を自分が好いているというだけで、そうして傍観者たる学者のような態度を以て、相手の生活の内容に自分が触れることなしに推して行ったならば危ない。[中略]

　我々は現に社会の一人である以上、親ともなり子ともなり、朋友ともなり、同時に市民であって、政府からも支配され、教育も受けまた或る意味では教育もしなければならない身体である。その辺の事を能く考えて、そうして相手の心理状態と自分とピッタリと合せるようにして、傍観者でなく、若い人などの心持にも立入って、その人に適当であり、また自分にも尤もだというような形式を与えて教育をし、また支配して行かなければならぬ時節ではないかと思われるし、また受身の方からいえばかくのごとき新らしい形式で取扱われなければ一種いうべからざる苦痛を感ずるだろうと考えるのです。(夏目漱石、岩波文庫『漱石文明論集』63-65 頁／全集 16 巻 478-480 頁)

先にも見たように、『道草』の健三は上記の④（本書 74 頁）ばかりもてはやされる風潮を「御前は役立ちさえすれば、人間はそれで好いと思っているんだろう」と苦々しく毒づいているが、健三は「役立つ人間であれ」という型への同調圧力に対する反抗をいかに実践するかを終始思案しているようにも見える。そのような健三の姿を「役立たず」と傍観者的に片付けるのはたやすいが、「傍観者でなく、若い人などの心持にも立入って、その人に適当であり、また自分にも尤もだというような形式を与えて教育をし、また支配して行かなければならぬ」という漱石の声を真面目に受け止めるとすれば、私たちはこの声にどのように応答することができるのだろうか。この問題を次章で考えてみよう。

参考文献

夏目漱石『道草』、『中味と形式』

デイヴィッド・ヒューム『道徳原理の研究』

【翻訳としては、渡部峻明訳、晢書房、1993年がある。『道徳原理の研究』からの引用に際しては、原典のページ数と、晢書房から出版されている上記翻訳の該当箇所ページ数を併記した。

原典のテキストは、*An Enquiry concerning Principles of Morals,* ed. Tom L. Beauchamp, Oxford U.P., 1998を用いた。】

5 判断と対話
――奥にあるものとの継続的な関わりかた

勢力尚雅

《目標&ポイント》 一般的観点に立つことにより「表面上の調和」がある程度実現できるとしても、「表面上の調和」の奥にある不調和から目をそらさず、その奥にある不調和に対処する知恵を他者と共同して継続的に探究するためには、どのような方途があるだろうか。夏目漱石の『明暗』や『夢十夜』、そしてふたたびジャコメッティの発言などを参照しながらこのテーマに近づき、このテーマをめぐるヒュームの考察を理解する。
《キーワード》 道徳における表面上の調和、潜在するもの、探照燈、傍観者、行為者、趣味判断、真の批評家、自信のなさ、謙虚さ、様式

1.「道徳における表面上の調和」の奥にあるもの

私たちは歴史的・文化的に形成されてきた型や規則を身につけながら生きている。そして、それらの型や規則のおかげで、物の大小や善悪についての判断に際して一般的観点からの判断がなされ、各自の特殊な利害関心や好き嫌いだけを直接ぶつけあう争いが緩和される。ヒュームは『趣味の基準について』というエッセイの中で、賞賛と非難を表す言語の一般的な使用法における暗黙の協調が「道徳における表面上の調和(seeming harmony)」を生むということを次のように述べている。

道徳における表面上の調和のうちのある部分は言語の本性そのもの

から説明されうることも認めなければならない。「徳」や各言語におけるその相当語は、賞賛を含意しており、「悪徳」は非難を含意している。そして、何人たりとも、最も明白で粗雑な不適切さなしには、一般的な意味合いでよい意味で理解されているタームに非難を与えたり、その慣用語法が否認を要求する語に賞賛を与えたりすることはできない。（ヒューム『道徳・政治・文学論集』p.228／193 頁）

では、「道徳における表面上の調和」の奥の実情はどうだろうか。私たちは自分が慣れ親しんだ型や規則に基づいて、慣れ親しんでいない型や規則を批評せざるをえず、多くの人は自分自身の感情を言い張る「拙い批評家（bad critic）」や、言葉だけ合わせている「偽装家（pretender）」であると、このエッセイの中で、ヒュームは指摘している。

2. 判断に臨む人の心の奥に潜んでいる正体不明のもの——『明暗』と『夢十夜』

ならば、私たちが「拙い批評家」や「偽装家」に留まらないための方途がありうるのだろうか。これに関するヒュームの考察を紹介、検討するに先立ち、ふたたび漱石のテキストに目を向けてみよう。『明暗』の主人公の津田は、突然自分を振って別の男性と結婚した女性である清子に会いに行こうとする。しかし、清子に会う直前となっても次のような思考とともに逡巡する。

彼には最初から三つの途があった。そうして三つより外に彼の途はなかった。第一は何時までも煮え切らない代わりに、今の自由を失わない事、第二は馬鹿になっても構わないで進んで行く事、第三即ち彼の目指すところは、馬鹿にならないで自分の満足の行くような解決を得る事。

この三ヶ条のうち彼はただ第三だけを目的として東京を立った。ところが汽車に揺られ、馬車に揺られ、山の空気に冷やされ、烟の出る湯壺に漬けられ、いよいよ目的の人は眼前にいるという事実が分かり、目的の主意は明日からでも実行に取り掛かれるという間際になって、急に第一が顔を出した。すると第二も何時の間にか、微笑して彼の傍に立った。（夏目漱石『明暗』528-529 頁／全集 11 巻 625 頁）

判断に先立つこのような逡巡を「優柔不断」と片付けるのは容易だが、津田の心の奥に潜む声のうちの三つが表舞台に登場していることにあえて足を止めていると見ることもできる。実際、私たちもまた心の奥に多数の声が継続して存在するという錯綜を抱えて生きており、それらの声に耳を澄ますからといって必ずしも「優柔不断」ということにはならないのではなかろうか。津田はここで、継続中の三つの声に耳を澄ましている。

漱石は、『明暗』の前年に新聞に連載した随筆、『硝子戸の中』において、「継続中」という言葉を用いて印象的な事柄を記している。漱石は言う。人から頻繁に健康状態を問われるようになって、最近では、「病気はまだ継続中です」と答え、さらに、「私の身体は乱世です。何時どんな変が起こらないとも限りません」と欧州の戦争を引き合いに出しながら返答していると述べ、次のように続けている。

継続中のものはおそらく私の病気ばかりではないだろう。私の説明を聞いて、笑談だと思って笑う人、解らないで黙っている人、同情の念に駆られて気の毒らしい顔をする人——凡てこれらの人の心の奥には、私の知らない、また自分達さえ気の付かない、継続中のものがいくらでも潜んでいるのではないだろうか。もし彼らの胸に響くような大きな音で、それが一度に破裂したら、彼らは果してどう思うだろう。彼らの記憶はその時最早彼等に向かって何物をも語らないだろう。過去の自覚はとくに消えてしまっているだろう。今と昔とまたその昔の間に何らの因果を認める事の出来ない彼らは、そういう結果に陥った時、何と自分を解釈して見る気だろう。所詮我々は自分で夢の間に製造した爆裂弾を、思い思いに抱きながら、一人残らず、死というふ遠い所へ、談笑しつつ歩いていくのではなかろうか。ただどんなものを抱いているのか、他も知らず自分も知らないので、仕合せなんだろう。(夏目漱石『硝子戸の中』86-87 頁／全集 12 巻 591-592 頁)

『道草』の最後に、「一遍起こったことは何時までも続くのさ。ただ色々な形に変わるから他にも自分にも解らなくなるだけの事さ」(同 286 頁／全集 10 巻 317 頁) という発言があることは前章で見たが、ここでは、「継続中のもの」が「人の心の奥」に「いくらでも潜んでいる」と述べられ、しかも、それは「自分で夢の間に製造した爆裂弾」と述べられている。多くの人は自分がどんなものを抱いているのか知らないので「仕合せ」なんだろうと漱石は考えており、この一節は、「継続という言葉を解しない一般の人を、私はかえって羨ましく思っている」(同 87 頁／全集 12 巻 592 頁) という言葉で締めくくられている。

しかし、その一方で、漱石は、自分が製造した爆裂弾を抱えて歩き続けていることに気づく物語も提示している。例えば『こころ』や『明暗』をその例として読むことができようし、『夢十夜』の「第三夜」などもその一例として読むことができよう。

ここでは、『夢十夜』の「第三夜」に注目してみたい。この物語では、主人公(「自分」)が何かを考えたり、進むべき方向を思案したりするたびに、彼が背負っている「六つになる子供」(「小僧」)が「石が立ってるはずだがな」とか、「左が好いだろう」とか、「遠慮しないでもいい」などの言葉を発し、その言葉が、主人公の現実認識を形成していく。主人公が何だか厭になると、それを見透かしたかのように「もう少し行くと解る」と小僧は励ます。小僧の発言を聞いて主人公もまた、「もう少し行けば分かるように思える」のだが、「分かっては大変だから、分からないうちに早く捨ててしまって、安心しなくてはならない」ようにも思えて、ますます足早に進む。主人公は、自分が立ち至っている状況を次のように捉えている。

> ただ脊中に小さい小僧が食付いていて、その小僧が自分の過去、現在、未来を悉く照らして、寸分の事実も洩らさない鏡のように光っている。しかもそれが自分の子である。そうして盲目である。自分は堪らなくなった。(夏目漱石、岩波文庫『夢十夜　他二篇』17 頁／全集 12 巻 108 頁)

そして二人が「杉の根の処」にたどり着いたとき、小僧は主人公に対して「御前がおれを殺したのは今から丁度百年前だね」と発言する。この言葉を聞くや否や、「おれは人殺であったんだなと始めて気が附いた途端に、脊中の子が急に石地蔵のように重くなった」という主人公の自覚が現れるとともに、この物語は終わる(夏目漱石、岩波文庫『夢十夜　他二篇』14-18 頁／全集 12 巻 105-109 頁)。

主人公は、何を早く捨てて安心しなくてはならないと考えているのだろうか。先に引用した『硝子戸の中』と重ねて読むことができるかもしれない。つまり、早く捨ててしまおうとしているのは、『硝子戸の中』で「自分で夢の間に製造した爆裂弾」と呼ばれたものであり、それが『夢十夜』第三夜では、「小僧」という自分の分身のような人物に仮託されて描かれていると読むことができるのではないだろうか。つまり、「分からないうちに早く捨ててしまって、安心しなくてはならない」ものとは、人が生きていく上で、当座の目的のために無自覚のうちに自分たちで拵えては使い捨て続けているさまざまな「爆裂弾」なのではないだろうか。「爆裂弾」という表現が過激であるとすれば、さまざまな信念や表現といってもいい。人は、周囲の人々とともに信念や表現を試作しては、捨て、また試作してという作業を繰り返しながら生きている。試作した信念や表現を首尾一貫して背負い続けると、それに縛られ、自らを縛るものが「石地蔵」のように重く感じられることもあるにちがいない。だから、人はかつて試用した信念や表現を自分のものではないと、自分から切り離し、遺棄しようとすることもある。『夢十夜』の「第三夜」はそのような経験を物語っているのではないだろうか。

　私たちが無自覚のうちに他者とともに拵えては捨て、また拵える信念や表現は、私たち自身の思想と感情を形づくる因果の一端となって心の奥に潜在し続けている。その意味で、それは、私たち自身の分身のようなものとして、私たちの思想や感情に潜伏しているのだが、私たちはその存在になかなか気づかず、遺棄したつもりの分身の潜伏に気づくとき恐怖を感じることもある。「潜伏」ということに関して、『坑夫』の主人公は次のように述べている。

　病気に潜伏期がある如く、吾々の思想や、感情にも潜伏期がある。この潜伏期の間には自分でその思想を有ちながら、その感情に制せられながら、ちっとも自覚しない。又この思想や感情が外界の因縁で意識の表面へ出て来る機会がないと、生涯その思想や感情の支配を受けながら、自分は決してそんな影響を蒙った覚がないと主張する。その証拠はこの通りと、どしどし反対の行為言動をして見せる。がその行為言動が、傍から見ると矛盾になっている。自分でもはてなと思う事がある。はてなと気が附かないでも飛んだ苦しみを受ける場合が起ってくる。自分が前に云った少女に苦しめられたのも、元はと云えば、矢っ張りこの潜伏者を自覚し得なかったからである。この正体の知れないものが、少しも自分の心を冒さない先に、劇薬でも注射して、悉く殺し尽す事が出来たなら、人間幾多の矛盾や、世上幾多の不幸は起らずに済んだろうに。所がそう思う様に行かんのは、人にも自分にも気の毒の至りである。(夏目漱石『坑夫』50-51 頁／全集 5 巻 45-46 頁)

3. 過去に「無」を見るか「探照燈」を見るか ——『点頭録』

試用と遺棄を繰り返してきた信念が心の奥に潜伏し続け、思想や感情の面でその支配を受けているにもかかわらず、私たちはそれを自覚しない。それらをことごとく殺すこともできない。前項で確認したこの問題を、漱石が死去する年の随筆『点頭録』の書き出しで語った、「生活に対する二つの見方」という考え方との関連で考えてみよう。

漱石によれば、「生活に対する二つの見方」があるという。その一つは、過去を「無」とみなす見方である。それは、過去は夢のようなものという見方が高じて生まれる。しかし、「同時にしかし矛盾なしに両存」する考えとして、もう一つの見方があるという。それは、「一挙手一投足の末に至る迄此「我」が認識しつゝ絶えず過去へ繰越してゐるといふ動かしがたい真境である。だから其処に眼を付けて自分の後を振り返ると、過去は夢所ではない。炳乎として明らかに刻下の我を照らしつゝある探照燈のやうなものである」(夏目漱石『点頭録』全集 16 巻 645-646

頁）というのである。

ここで述べられている「自分の後を振り返る」とは何をすることだろうか。それは、人が無自覚のうちに拵え、自分の思想や感情の奥に潜伏するようになった者（多様な信念や表現）の存在に気づき、それらと関わり続けるということではなかろうか。心の奥にある「正体不明なもの」の潜伏を自覚し、それを拵えた者がそれを殺し尽すことができないことを自覚してこそ、過去を「無」として捉える見方とは別の見方が可能になる。つまり、「刻下の我を照らしつゝある探照燈のやうなもの」としての「過去」を振り返るとは、私たちが生きるうえで拵え、試し、遺棄しようとする多様な信念や表現（自分の思想と感情の奥に「潜伏」する者）との関わりを継続することだと漱石は考えたのではなかろうか。

4.「真の批評家」の実在を想定するというコンヴェンションの生成

では、ヒュームの場合はどうだろうか。美醜に関する判断に臨む者の多くは「拙い批評家」や「偽装家」だと考えるヒュームは、「趣味の基準」となるような正当な判断を探すことなど不可能であるとか、そもそも判断力の向上など不可能であるといったことを説くのだろうか。

もちろん、そうではない。この章の冒頭で引用した『趣味の基準について』というエッセイの議論をたどってみよう。このエッセイでいう「趣味（taste）」とは、美的判断力のことを指す。ただし、ヒュームは、美醜に関する判断と、徳と悪徳を区別する判断を下す力は、いずれも判断を下す人に快や不快といった特殊な感情を与えるという生産的な力をもつ点で類比的であることに着目している。したがって、「趣味（taste）」とは、ヒュームにおいては、美的判断力だけでなく道徳的判断力も指すことに留意しよう。さて、そのような判断の基準としてヒュームがまず提案するものは、「一般的規則」、「公然と認められる原理」に訴えることである。美の一般的規則は、「確立された諸モデルから、すなわち、快を与えたり不快を与えたりするものが単独でかなりの程度示されるときの観察から引き出される」（同 p.235-236／198 頁）。したがって、「拙い批評家」も認める模範的な美のモデルのどこがすぐれているのかを一般的規則として確保しておくことによって、「拙い批評家」が美と認めない事例にもその規則が当てはまることを指摘するならば、彼の着眼点を改善することができるからとされる。

とはいえこのエッセイでヒュームは、一般的な範例・規則、いわば型や様式の有用性を論じるだけでなく、自らの感情そのものを趣味の真の基準とするためにはいかなる条件が必要となるかを論じている。趣味の真の基準となることができる「真の批評家」の特徴をヒュームは次のように述べる。

> 芸術における真の判事（a true judge）は、最も洗練された時代においてさえも極めて稀な性格であることが観察される。繊細な感情と結びつき、実践によって改善され、比較によって完全化され、全ての偏見を除かれた強力なセンスのみが、批評家たちを、この価値ある性格へと資格づけることができ、そのようなものが連結してなされる評決こそが、どこにおいて見出され得ようとも、趣味と美の真の基準（the true standard of taste and beauty）なのである。（ヒューム『道徳・政治・文学論集』p.241／202 頁）

しかし、この論述の直後で、「はたしてこのような批評家がどこにいるというのだろうか」という懐疑が常につきまとうことをヒュームも認める。そして、次のように述べている。

ある特定の人物が偏見を免れ、[上記の引用箇所で述べられているような]よいセンスと繊細な想像力を付与されていているかどうかということは、しばしば論争の主題となり、大きな議論と調査を招きがちである。しかし、そのような性格が価値ある、評価されるべきものであるということは、全ての人類において意見の一致することであろう。これらの疑いが生じる場合、人は、知性に提示される、議論の余地ある他の問いにおいてできていること以上のことは何もできない。つまり、このような場合、人は自分たちの発明によって示唆される最良の議論を生み出すにちがいない。つまり、どこかに存在する一つの真の決定的な基準(a true and decisive standard to exist somewhere)を、実在つまり事実として承認し、この基準に訴える際には自分たちと異なる人々に対して寛容(indulgence)をもつにちがいない。(同p.242/202頁、[　　　]内は引用者が補足)

つまり、ヒュームは、判断の適切さが疑われ、その多様性に誰もが不便を感じるときには次のような事態が生成すると推理している。すなわち、「一つの真の決定的な基準」がどこかにあると想定せよという規則を守ることの利益を互いに感じあって、各自が自分の感情を絶対視せず、自分とは異なる評決をする他者の意見に対して「寛容」な態度で応じるようになると。言い換えれば、「一つの真の決定的な基準」という観点を他者とともに想定し、互いに自分とは異なる観点を採る他者の意見を学びあうことによって、「自分の理解力を十分に拡大」し、その観点に向けて近づくことができるようになるというのである。

では、ここでヒュームが述べている「自分たちと異なる人々に対して寛容をもつ」とは、具体的にはどのような生活様式(以下、マナー)であろうか。

5.「節度ある懐疑主義」に基づく「寛容な対話」の実演

そのような「寛容」な対話をヒュームみずから実演している例を参照しながら考えてみよう。例えば『道徳原理の研究』の巻末付録である『ある対話』も、そのような対話例の一つである。

それは、「私」と「パラメデス」という二人の登場人物のあいだで交わされる対話である。まずパラメデスが、古代のギリシア人やローマ人たちが賞賛したマナーについて報告することから始まる。そこでは同性愛、近親結婚、子殺し、暗殺、自殺などが賞賛されていたと。それを聴いて今度は「私」が現代のフランス人たちが賞賛するマナーについて説明する。そこでは不倫、女性への敬意、決闘、暴君への隷従、何があっても決して自殺しないことなどがもてはやされていると。そこでパラメデスは言う。「文明国と野蛮人のあいだには、あるいは性格においてほとんど共通点を持たない国家間には、道徳的感情における相違のなんと大きなことか。私たちはこの種の判断において基準を確定するなどとどうやって主張できようか」と。つまり、パラメデスは道徳的判断の根拠となる基準を確立する可能性そのものを疑っている。この主張をさらに過激化すれば、あらゆる価値の根底を否定する虚無主義の主張へと展開することもできるかもしれない。

しかし、ヒュームの説く懐疑主義は、そのような懐疑的結論の主張に終わるものではなく、さらなる探究の継続を促す方法である。ヒュームは、この方法としての懐疑主義を「節度ある懐疑主義（moderate scepticism）」（『人間本性論』 I-4-3, p.148／257頁）や「穏和な懐疑主義（mitigated scepticism）」（『人間知性研究』 §12-3, p.207／150頁）と呼んでいる。ただし、ここでいう「節度」や「穏和」とは、懐疑の程度を弱めたり、懐疑の機会を減らしたりすることを推奨するものではない。その証拠に、第３章で確認したように、「私たちは人生のあらゆる出来事において、やはり私たちの懐疑主義を保存すべきである」とヒュームは述べている。では、ヒュームはどのような懐疑主義の徹底を説いているのだろうか。

第３章で紹介したヒュームの議論を思い出そう。それによれば、私たちは、自分が抱く信念の根拠や誤りの可能性をどこまでも潔癖に吟味し続けるような理性の単独の働きが弱いおかげで、根拠の不確かな多くの信念をひたすら疑うことなく生活している。そのため、私たちが抱く信念は、迷信や偏見かもしれず、私たちはそのことに気づかぬまま、マナーや社会制度の選択を繰り返しているのかもしれない。そこから「哲学的な憂鬱と譫妄」へと陥ることは自然だが、その憂鬱の先に、探究が再開・継続することもまた自然なのだとヒュームは説いていた。自分たちの判断が依拠すべき原理を見出せていないことに不安や心配を感じ、好奇心や野心の自然な回復を感じるならば、私たちの探究や学びは自然と再開する。そして、その探究の継続は「懐疑的原理に基づいてのみ」可能となるとヒュームは説いていた。

そして、『ある対話』では、まさに懐疑的原理に基づく共同探究が実演される。道徳的判断の基準の確定可能性を疑うパラメデスに対し、「私」はそのような懐疑的主張をもさらに疑うことによって対話の再開と継続を実践しようと試みるのである。「私」は、パラメデスが異なる時代の人々が奉じたマナーや習慣の中に理解可能な文脈を探そうとする「寛容」を全くもっていないと批判する。

例えば、その人は子殺しの理由として、貧しい生を死よりも大きな悪と考えているのかもしれない。また、誰かが暗殺のもたらす大きな不便を彼に納得させることができれば、彼は感情を改変できたかもしれない。あるいはフランス人たちが社交の享楽のために貞節の有用性を犠牲にしようとするとすれば、それは、その国で現在優勢な習慣、あるいは社会的な事情のせいかもしれない。また、決闘は確かに不合理な慣行だが、それを正当化する人たちは決闘が勇気、名誉、友情といったそれ自体は誰もが賞賛する徳を促進すると考えているのかもしれない。そうであるとすれば、本人にとっての快適さか有用さ、あるいはその人に近づく誰かにとっての快適さか有用さという大きく分けて四つに類別される性格や行為（本書74頁）に賞賛の感情を感じるという点では彼と我のあいだに斉一性があると観察される。「道徳的感情のこれら四つの源泉は依然として存続しているのだが、個別の偶然的事情によって、あるときにはそれらの中のどれか一つが、他のものよりもいっそう豊富に流れ出すのである」と。

このように異説の背後にある文脈を理解しようと努めることによって、判断の相違の大きな原因が、有用性の判断についての相違や、有用性を比較考量する際の判断における相違、あるいは観察者の判断に影響を与える習慣や教育の相違にあることが判明する。その結果、互いの一致点と不一致点をめぐる対話を通じて、「現実」に処する際のより適切な判断をめぐる探究をさらに継続することが可能になるというのである。

さらに、このような寛容なマナーによる対話の継続を促す原因として、ヒュームは「謙虚さ（modesty）」という情念をあげている。私たちの認識とは、想像力によって集められた断片的な諸知覚を束ねて情念を満たしたものでしかありえないことへの自覚、すなわち自分の知性の正当性への「自信のなさ（diffidence）」こそが、自分とは異なる観点を採る他者の言い分を聴くさらなる対話へと私たちを駆り立てる（『人間知性研究』§12-3, p.208／150頁）。「自信のなさ」は、寛容な対話のマナーが伴うことによって、「謙虚さ」へと成長することができるとされる（『道徳・政治・文学論集』p.556／446頁）。この場合の「謙虚さ」とは、たんなる自己否定ではなく、自分の判断力の発展に対して感じるプライドと背中合わせの謙虚さである。

一方、自らの知性にこの種の自信のなさを感じない思弁や宗教に対してのヒュームの批判は激烈であった。彼らの「自信は相談役や範例を受けつけず、悪徳と愚かさを伴うことによって、厚かましさという名で通用するほどにまで堕落してしまった」（同 p.556／446 頁）とさえヒュームはいう。自分の知性に限界を感じていない哲学者の思弁は、一般の人々に対する過度の無関心・軽蔑から、自身に熱狂的なプライドを感じ、生まれもった人間愛を冷まし、社交を狭めてしまう。また、宗教的思弁は人間知性の及ばぬ神の観点に訴えることによって過度の自己否定に至り、その正当性を人間知性では理解できない命令を現世の道徳と混同することによって、人々を混乱させ、怯えさせ、苦しめてしまうというのである。

6. 現実についてのヴィジョンを間近に表す様式の探究

心の奥にあるものとの継続的な関わり方というテーマについて、漱石とヒュームの考察と実践を検討してきた。最後に、以上の考察を、第1章で言及したジャコメッティの探究と重ねて描くことで、本章のまとめとしよう。

ジャコメッティによれば、古代エジプト人は、「宗教的要求」から、「現実についてのヴィジョンを何よりも間近に表した」。そして、そのヴィジョンを与えたものが「様式」と呼ばれるようになった。人は様式によって、「生きている人間に最も近い分身」を作り出そうとし、「それを見る人々に恐怖を与えるくらいに真に迫った」ヴィジョンをもたらしたのだという（ジャコメッティ『私の現実』190 頁）。そのうえで、ジャコメッティは自身が制作によって何を探究しているかについて、次のように述べている。

> 私がほぼ自分に見えるとおりに頭を作れるようになったら、どうしてもそれは他の人々には様式とよばれるものになるにちがいない。もちろん、私はまだそこまで行っていない。それでも私の彫刻には幾分かそれに近いものがある……私の彫刻を眺める人々はそれをこしらえたというふうに思うのではなかろうか？　しかしともかくも見てもらえるのは私の場合、明らかに、それが私のヴィジョンにいくらか近づいているからだ。(同 191 頁)

私たちは先人たちが遺してきた多くの様式（型・基準）を参照しながら、自分にとって「現実」と感じられるヴィジョンに近いものを拵えようとする。ジャコメッティであれば、彫像や絵画の制作を通じて、私たちもまた、信念や表現の試作と遺棄の繰り返しを通じて。そして、そうやって拵えたものが心の奥に潜在するようになった後もそれらとの交流を継続しながら、「現実」をめぐるより適切な信念や表現に近づくための探究を継続することは可能である。漱石は文学を通して、ヒュームは哲学探究と対話実践を通して、ジャコメッティは彫刻や絵画の制作と鑑賞を通して、そのような探究への継続的な参加を誘っているともいえよう。

ただし、一方で、彼らはそのような探究の継続の必要性と方途を多くの人々が自覚しておらず、互いの想像力の働きを制限し、偏見に留まる傾向性を根深くもっていることも指摘していた。つまり、彼らは、「現実」についての見方の共同探究を継続する可能性と方途を示し、みずからそれへの挑戦を試みつつも、そのような挑戦が継続・拡大することへの根深い懐疑を表明し続けている。言い換えれば、自分が居合わせている「現実」について、周囲の人と共有し合える像やそれを表現する型を捽えてもなお、「現実」についてのヴィジョンが固定化されることに抵抗し、心に潜在する信念や表現と継続して関わり続けるという挑戦を、他人に強いるのでなく、まずは自ら続けようとしている。彼らの挑戦と懐疑に触れ、みなさんは、何を感じ、何を考え、どんな応答をするだろうか。次章以後も、多様なテーマに宿る懐疑と、それをめぐる哲学の挑戦を検討していこう。

参考文献

夏目漱石『坑夫』、『夢十夜』、『硝子戸の中』、『点頭録』、『明暗』

デイヴィッド・ヒューム『趣味の基準について』、『ある対話』

【前者は、『道徳・政治・文学論集』（田中敏弘訳、法政大学出版局、2011 年）に収められている。また、後者は、『道徳原理の研究』（渡部峻明訳、哲書房、1993 年）に付録として収められている。】

アルベルト・ジャコメッティ『ジャコメッティ 私の現実』（矢内原伊作・宇佐見英治編訳、みすず書房、1982 年）

【本章の最後に論じた問題に関連してさらに考えたい方には、次の書籍をおすすめする。佐藤康邦『様式の基礎にあるもの――絵画芸術の哲学』（三元社、2013 年）】

6 懐疑と覚醒
――経験から哲学する

吉川　孝

《目標＆ポイント》 ヒュームの幻影と現実をめぐる考察は、その後の哲学者によってどのように受け止められたのだろうか。経験論や懐疑論には哲学としてどのような可能性があるのだろうか。日常的に経験される世界の存在を疑うということは、どのような営みなのだろうか。ヒュームを独自に受容しながら20世紀に現象学を創始したフッサールを手掛かりに、経験を分析する哲学の意義について理解を深める。
《キーワード》 現象学、生活世界、独断のまどろみ、ヒュームの問題、知覚、志向性、自然的態度と現象学的態度

1．独断のまどろみからの覚醒

第6章から第8章までは、ヒュームのように人間の経験に目を向ける哲学が20世紀においてどのように展開したのかを、経験にとどまりながら哲学をする現象学の系譜を参照しながら明らかにしたい。

エドムント・フッサール（Edmund Husserl 1859-1938）は、現象学の創始者として知られており、師のフランツ・ブレンターノ（Franz Brentano 1838-1917）から、意識経験を分析することを通じて哲学の問題を考察する手法を受けついだ。フッサールは、アレクシウス・マイノング（Alexius Meinong 1853-1920）やゴットロープ・フレーゲ（Gottlob Frege 1848-1925）など――形而上学や論理学などにおいて現代の英米

哲学においても重要な意味を持つ哲学者——とも交流を重ねており、20世紀初頭のドイツ語圏の現象学は、後に英語圏で分析哲学として展開することになる流れと多くの共通性をもっている。その背景には、現象学がデイヴィッド・ヒューム（David Hume 1711-1776）などのイギリス経験論を中心とする近世哲学を真摯に継承したこともある。

フッサールの主著とされる『純粋現象学と現象学的哲学のための諸構想（イデーン）』第1巻（1913年、以下『イデーンⅠ』）では、現象学が近世哲学の憧れを実現すると述べられている。

> ……現象学とは、いわば全近世哲学がひそかに切望しているものであることが、理解されよう。デカルトのなした驚くべき深遠な基礎考察の中で、これを駆り立てていた衝迫がすでに、現象学へと向かう衝迫なのである。ついでにさらにまた、ロックの流れを汲む学派の心理主義において、ヒュームがほとんどすでに現象学の領分に踏み入っているのだが、ただしそれを見る目は眩んでいる。そしてカントとなれば、いよいよもって、現象学の領分を観取している……。（『イデーンⅠ』第1分冊258頁）

ここで注目すべきは、ヒュームが「現象学の領分に踏み入っていた」という表現であり、ヒュームの哲学と現象学とが同じ土俵にあると考えられている。「生活世界」という概念でも知られる『ヨーロッパ諸科学の危機と超越論的現象学』（1936年、以下『危機』）において、フッサールはヒュームをルネ・デカルト（René Descartes 1596-

写真提供　ユニフォトプレス

図6-1　フッサール

1650）やイマニュエル・カント（Immanuel Kant 1724-1804）以上に高く評価する。そこでは、ヒュームがカントに与えた大きな影響に注意が向けられている。

周知のようにヒュームは、彼がカントの思索の展開のうちに惹き起こした転回によって、歴史上特殊な地位を占めている。カント自身――たびたび引用されていることばではあるが――次のように述べている。すなわち、ヒュームは彼を独断のまどろみから覚醒させ、思弁哲学の領域における彼の研究に異なった方向を与えた、と。（『危機』167 頁）

ヒュームとカントとの関係については、専門家のあいだでもさまざまに論じられてきたが、ここではフッサールの理解を確認しておきたい。フッサールによれば、カントはヒュームからすれば「謎」とされる前提を「自明な」ものとみなし、ヒュームの直面した謎を見過ごしている。カントはヒュームから、因果性に関わる自然科学的認識の客観的妥当性をめぐる問題を受け取り、その成立の可能性の条件を明らかにしたが、自然科学に先立って事物が知覚されることが問われることないまま前提にされている。カントが理解したヒュームは、感覚によって経験される事物が存在することを自明視しており、「真のヒューム」ではない（同 175 頁）。ヒュームの『人間本性論』においては、自然科学の対象のみならず、日常において経験される物体の同一性が虚構である可能性が指摘されていた。

ヒュームの著作『人性論［＝人間本性論］』においては、世界一般、すなわち自己同一的物体の総体である自然も、自己同一的人格の世界も、さらにはそれらをその客観的真理として認識する客観的科学も、虚構に変じてしまう。(同 161 頁、[　　　] 内は引用者による挿入)

フッサールはヒュームの思考が世界の存在をめぐる徹底した懐疑論に帰着すると考えて、その点を積極的に評価している（本書第 5 章で述べられたように、実際のヒュームは「節度ある懐疑主義」の立場をとっている)。つまり、ヒュームは主観主義を追求することで、世界の存在を自明視する客観主義の素朴さをあばきたてた。そこでは、自然科学における客観主義のみならず、日常生活において素朴に世界の存在を前提にするという意味での客観主義もターゲットになった。

2. 世界の謎としてのヒュームの問題

私たちが日常的に経験する世界そのものが虚構であるかもしれないという論点は、フッサールが主題にしている「生活世界」と結びつく。生活世界は「われわれにとって、いつもすでにそこにあり、あらかじめわれわれにとって存在し、理論的であれ理論以外であれ、すべての実践のための「基盤」」となっており、私たちは自然科学などの営みに先立って、この世界を存在するものとみなしながら生きている（同 255 頁)。こうした世界の存在は、あえて口にすることがないほど自明であり、日常の実践においても、科学的探究においても、この世界の存在は前提にされたまま問われることがない。

ひとたびヒュームの立場から……普遍的に見られるならば、「世界」は主観性の世界であり……わたしの主観性において生じた妥当性なのである。(同 175 頁)

第１章で示されたように、ヒュームによれば、私たちはさまざまに推移する意識経験の束に出会っていて、しかも、それらの束は観念の連合によって形成されるにすぎない。このことは、世界そのものが主観的に形成されるということを意味している。

こうしたヒュームの考察を正しく受け止めるためには、ヒュームに潜んでいる懐疑論的傾向を「問題」という形で先鋭化することが求められる。「ヒュームの問題」というのは「われわれがそこで生きている世界確実性のもつ素朴な自明性、なかでも日常世界の確実性、ならびにこの日常世界の上に構成された学問的理論構成の確実性は、いかにして理解可能になりうるか」（同 175 頁）というものであり、その矛先は生活世界の存在の自明性に向けられる。

> 最も深い究極的な意味での世界の謎、すなわちその存在が主観的能作による存在であるような世界の謎、しかもそれ以外の世界は一般に考えられないといった、そのような明証性のうちにある世界の謎——これこそがほかならぬヒュームの問題なのである。（同 176 頁）

フッサールがヒュームを評価するのは、その哲学が生活世界の自明性を問い直すような力をもっているからであった。伝統や習慣を破壊する力をもっていることは、ヒュームにかぎらない経験論の一つの強みであろう。客観的に実在すると思われていたものが、想像力によって形づくられるもの、すなわち虚構でしかない。しかし、連合法則によって虚構が形成されるということは、私たちの経験において、世界やさまざまな対象がそうしたものとして成立しているということでもある。

ヒュームのもとで、心全体がその「印象」と「観念」とをもって、物理的な力と類比的に考えられたしかるべき諸力、つまり連合法則……をもって、世界全体を、しかも単に世界の像といったものをではなく世界そのものをさえ生むことになったのだ。(同 164 頁)

連合の原理によって世界の像や世界そのものが生み出されるという点は、フッサールがヒュームを評価するもう一つのポイントであり、この洞察ゆえにヒュームは現象学の領域に踏み込んでいた。本書第 1 章で述べられたように、「観念連合の原理」は「宇宙の諸部分を結束したり、私たちを外部の人や対象に結合したりする唯一の繋ぎ目」であり、私たちにとっての「宇宙のセメント」を意味するものであった（ヒューム『人間本性論摘要』)。ヒュームの哲学は、世界のさまざまな対象が観念連合を通じて形成されるプロセスを具体的に分析しており、私たちの思考において、信念と虚構とが区別されることができ、信念においては、現実に存在するとされる対象が形成される。このような意識経験の分析が、ヒュームの経験論の真骨頂でもあり、それはまたフッサール現象学の中心的な課題として継承されている。

3. 知覚の現象学

フッサールは、ブレンターノから「志向性」という発想を継承して、意識経験が「何かについての意識」であることを手掛かりに、哲学の問題を考察する。現象学が主題にするのは、意識に何かが与えられている（何かが現れている）ということ（＝私たちが何かを意識すること）であり、こうしたことがまさに「現象」なのであるが、ここには何らかの対象とその対象が現れること（＝対象を意識すること）という二重の意味がある。当初から現象学は、こうした対象と意識との志向的関係を主題にして、哲学の問題を考察している。

いまだかつて（すなわち、『論理学研究』において「超越論的現象学」がはじめて出現する以前には）、世界（われわれがつねに語っている世界）とその世界の主観的な与えられ方との相関関係が、哲学的な驚きを惹き起こしたことはなかったのである。（同 300-301 頁）

意識の根本特徴をなす「志向性」というのは、私たちの意識経験がその都度のさまざまな「現出」を超えて、同一性をもった「対象＝現出者」に向かっていることを言い表している。このような何かが意味あるものとして意識されることが「志向的構成」と呼ばれており、現象学は志向性における対象性の構成を分析する。

『イデーンⅠ』では、感性的知覚における事物の志向的構成の分析がなされている。ここでの感性的知覚というのは、感覚を通じていま存在する事物を認識することであり、見る、聞く、触ることなどが念頭に置かれている。事物という現出者は原理的に「現れ（現出）」を通じて与えられており、知覚主観の身体性を起点とするパースペクティヴのなかでのみ経験される。いまここで見られる事物は、この側面から見られており、それ以外の側面は見られていない。サイコロという対象は、その6つの面の数字が一挙に与えられることがなく、知覚対象という「現れるもの（現出者）」は、その都度のさまざまな「現れ（現出）」を通じてしか与えられない。ここから生じる以下の洞察は、フッサールの哲学的分析のなかでもっとも影響力のあるものの一つである。

このような仕方で無限ニ〔in infinitum〕不完全であるということが、……事物……と事物知覚という相関関係の持つ取り除き難い本質に属しているのである。事物の意味が、事物知覚の所与性によって規定されるのだとすれば……、事物の意味は、このような不完全性を要

> 求し、われわれを必然的に、可能的知覚の連続的に統一的な諸連関へとさし向けるのである。(『イデーンⅠ』第1分冊188頁)

事物知覚は不完全であり、別の側面から見ることなどでさらなる規定の可能性が開かれている。人間だと思って見ていたものが人形だったとわかる場合などには、それまでの信念を放棄するよう強いられる。知覚信念はつねに刷新されうるものであり、知覚がとらえる対象の現実性は、原理的に「偶然的な現実存在」にすぎない(同199頁)。事物をあらゆる側面から規定しようとする経験はどこまでも連続的に進行して、際限なく続くことになる。フッサールによれば、事物が意識にとって「超越」とされる所以がここにある。

> 事物の超越性というものは、事物に関する直観の進行におけるあの無際限性というもののうちに、表現されているのである。(『イデーンⅠ』第2分冊324頁)

超越というのは、意識から独立していることではなく、意識経験が際限なく進行することを意味している。事物はそもそも現出を通じて一面的にのみ与えられるのであって、そうであるからこそ超越という存在様式をもつことができる。フッサールはこのように、知覚という意識経験を分析しながら、その不完全性を踏まえた上で、超越の意味を明らかにしている。しかも、事物知覚において実際に与えられる側面を超えて対象が経験されるときには、「連合」の働き――ヒュームが「宇宙のセメント」と呼んだもの――が関与する。私たちがある物体のある側面を見つめながら、それが6つの数字が書かれているサイコロと見なすときには、以前にサイコロを見た経験に基づいた理解がなされている。裏側にも数字が書かれていることが以前の経験から知られており、目下の事物は、それなりの「類型」を通じて把握され、以前と同じように経験されることになる。フッサールはこうした働きを、自我の関与なしに生じる「受動的総合」と名づけており、ヒュームの連合と共通性が見出される。

4. まどろみからの覚醒としての現象学的還元

ヒュームもフッサールもともに、私たちの経験に則して、外的対象が意識される仕方を丹念に分析しながら、私たちの経験がどのようにして世界についての知識をもたらすかを明らかにした。本書第５章で指摘されたように、ヒュームは私たちが「人間知性の奇妙な弱点に……気づくこと」が「謙虚さと慎み」をもたらし、「独善的な意見」や「偏見」を減らすと主張していた（ヒューム『人間知性研究』§12-3）。フッサールによる知覚経験の分析もまた、私たちの経験が一面的であることを明らかにしており、こうした洞察は、私たちに、独断を避けて慎み深くあるよう求めることになるだろう。ここでは、『危機』におけるフッサールが、カントによるヒュームの受容（独断のまどろみからの覚醒）に注目していたことを思いだそう。カント本人の叙述を確認しておきたい。

> 私は正直に認めるが、デイヴィド・ヒュームの警告がまさしく、数年前にはじめて私の独断的まどろみを破り、思弁的哲学の分野における私の探究にまったく別の方向を与えたものであった。（カント『プロレゴーメナ』15 頁）

フッサールは、「ヒュームの問題」を独自に受け止め直し、世界の自明性をめぐる謎を見いだしていた。そうしたときに「独断のまどろみからの覚醒」というのは、世界の存在の自明性を信じ込むことからの目覚めを意味するようになる。

ここでは「まどろみ」や「覚醒」という言葉遣いが、私たちの経験の状態やその変化を示していることに注目したい。カントにとってまどろみからの覚醒は、あくまでも個人的なエピソードとして綴られる。これに対して、フッサールは、哲学の問題に向き合う経験やその変化を正面から記述している。カントにおいては個人的に生じた経験にすぎなかったものは、フッサールにおいて、現象学的な哲学が始まるプロセスを意味することになる。場面の違いこそあれ、ヒュームもまた、個人の殻に籠るような「まどろみ」が「社交」を通じて覚醒する経験に注目し、他人との出会いを通じて「心はいわば夢から目覚める」と記していた（本書第3章）。ヒュームもフッサールも、独断から覚めるという経験の変化に目を向けることを、哲学の重要な課題と考えていたのである。

では、独断のまどろみから覚醒するという経験は、どのように記述されて、どのように位置づけられるのだろうか。フッサールの現象学は、「現象学的還元」「超越論的還元」「現象学的エポケー／判断中止」などと呼ばれる方法と深く結びついている。これは、私たちが、世界が現実に存在するとみなしている態度（自然的態度）から、そうした存在に関わる判断を停止する態度（現象学的態度・超越論的態度）への移行を意味している（より詳しくは本書第7章を参照）。こうした発想が芽生えた時期の講義『現象学の理念』（1907年）では、認識批判に無頓着という意味で「独断的」であるような「自然的な精神態度」「自然的態度」と、認識の可能性について反省する「哲学的精神態度」とが対比されている。「自然的な精神態度」においてわれわれは「認識批判にはまだ無頓着」であり「そのつどわれわれに自明的に与えられた事象に向かっている」のに対して、「哲学的精神態度」においては「認識と対象の相互関係についての反省が目覚めると同時に深刻な諸難問が生ずる」のであり、「自然的思考においてはきわめて自明な事象と思われていた認識が突如不可思議なものとなって立ちはだかる」ことになる（『現象学の理念』31-33頁）。

> 認識の可能性は到る所で謎となるのである。自然的態度の諸科学に慣れ親しんでいる場合のわれわれは、それらの科学が精密に発展されている限り、すべてが明晰で理解可能であると思いこんでいる。われわれは、客観性に本当に的中する確実な方法によって基礎づけられた客観的真理を所有していると、そう確信しているのである。しかし反省するにつれて、われわれはいろいろな迷いや混乱に陥る。われわれは明らかに救い難い紛糾状態に巻き込まれ、矛盾にさえ陥るのである。われわれは懐疑論に陥る危険に、正確にいえば、懐疑論のいろいろな形式のどれか一つに陥る危険に絶えずさらされているのである。（同37頁）

認識批判において認識の可能性が問われるときには、私たちはある種の懐疑論――ヒュームなどの近世哲学の議論が念頭におかれている――に陥る危険にさらされる。こうした認識批判においては確固とした出発点が求められるが、フッサールは、少しでも疑わしいものを退けて絶対的確実性としてコギト（我思う、ゆえに我あり）を発見したデカルトの考察に倣って、絶対的に確実な知識の地盤を見いだしている。こうした手続きが「認識論的還元」「現象学的還元」と名付けられている。

> 認識論的研究の場合には必ず認識論的還元が行われなければならないのである。すなわちその際同時に働いている（mitspielend）超越にはすべて排除の符号または無関心（Gleichgiltigkeit）や認識論的無効（Nullität）の符号を着けねばならないのである。（同60頁）

ここでは、何らかの対象について語られても、現実に存在するという性格は「無効」にされて、あくまでも意識に現れている限りでの対象、すなわち「現象」になっている。現実に存在するかどうかは問われることなく、何かが意識に現れている、現出者が現出している、ということがここで主題化される。

5. スフィンクスからの問いかけ

この講義は、現象学的還元について初めて本格的に述べた画期的なものであるが、この数カ月前の1907年1月12日、フッサールは同時代の文学者フーゴ・フォン・ホーフマンスタール（Hugo von Hofmannsthal 1874–1929）に一通の手紙を送っている（両者の関係については金田晋『芸術作品の現象学』にて、思想史的背景についてはフェルマン『現象学と表現主義』にて詳しく論じられている）。そこでフッサールは、現象学的な態度と芸術家が世界に向き合う態度とが、自然的態度からの離反という点で似ていると述べている（本書第2章で紹介されたような、漱石における「画工」が「非人情の態度」に立つことも、自然的態度からの離反と解釈されうるだろう）。

> 世界を「観察」して、そこから自分の目的のために自然と人間とについての「知」を獲得するために、芸術家は、現象学者と同じように世界に関わっています。……芸術家が世界を考察するときには、世界は現象になって、それが現実存在しているかどうかは芸術家にとってどうでもよくなるのですが、それはまさに（理性批判における）哲学者の場合と同様です。（*Briefwechsel* Teil 7, S.135）

芸術家による「芸術作品」はさらに、鑑賞者を、「存在に関わる態度を排除」する「純粋に美的な直観の状態」へと「転位させる」ことにもなる。

ホーフマンスタールの「チャンドス卿の手紙」においては、チャンドスと名乗る17世紀初頭のイギリス貴族の現実感覚の崩壊が、経験論の祖とされる哲学者フランシス・ベーコン（Francis Bacon 1561-1626）に宛てた書簡の形式で記されている。

> 私にはもう、ものごとを単純化する習慣の目で見ることができなくなってしまった。すべてが解体して部分に分かれ、その部分がまた解体して、さらに部分に分かれて、一つの概念でなにひとつカバーできなくなったのです。ひとつひとつの言葉が私の周りに漂っていました。言葉たちは凝固して目となり、その目がじっと見つめると、今度は私がその目をじっと見つめかえすしかない。その言葉たちは渦巻きなのです。私が見下ろすと、目がくらむ。それらは休みなく回転しており、それらを突き抜けると、そこは空（くう）。（「チャンドス卿の手紙」18-19頁）

この記述は、自然的態度からの離反におけるものの見方の変化として読むことができる（古田徹也は『言葉の魂の哲学』において、この現象を「ゲシュタルト崩壊」として、言語哲学の観点から考察している。見方と言語の結びつきについては次章も参照）。

写真提供　ユニフォトプレス

図6－2　ホーフマンスタール

こうした文学作品の描写と類似しながらも、哲学者はあくまでも認識に関わる理性批判に従事しており、認識の問題に取り組むために現象学的態度を取らざるをえなくなる。世界への態度を共有する文学者ホーフマンスタールへ宛てたフッサールの手紙では、自然的態度における世界の存在の自明性が廃棄されるプロセスが、「認識のスフィンクス」からの問いかけという比喩によって語られる。

> 認識のスフィンクスがそうした認識をめぐる問いを立てるやいなや、そして、〈認識は主観的体験の中でしか遂行されえないのに、それにもかかわらずまさにそれ自体で存在する客観性を把握する〉という認識の可能性をめぐる底なしの問題を私たちが一瞥するやいなや、たちまちにして、一切のあらかじめ与えられた認識や存在への——一切の学問や一切の現実と称するものへの——私たちの態度は、根底から別のものになったのです。すべてが疑わしく、すべてが不可解で、謎めいている！　この謎が解かれるのはただ、私たちがこの謎の地盤の上に立ち、あらゆる認識をまさに疑わしいものとして扱い、そうして、いかなる現実存在をもあらかじめ与えられたものとして受け入れないときだけです。これによって、あらゆる学問とあらゆる現実……は、たんなる「現象」になるのです。(*Briefwechsel* Teil 7, S.134)

スフィンクスは「朝は4本脚、昼は2本脚、夜は3本脚、この生き物とは何か？」という謎を投げかけ、答えられない者を殺害していたが、オイディプスは「人間」と答えることで、スフィンクスを退けたと言われる（ソポクレス（Sophoklēs）の『オイディプス王』は、そうしたオイディプスが自分の父や母を認識することをめぐる悲劇でもある）。この手紙からは、現象学者が認識の謎に困惑して世界の存在を自明視できなくなり、その謎の解明に人生を賭ける姿が喚起される（さらには、認識

写真提供　ユニフォトプレス

図6－3　「オイディプスとテーバイのスフィンクス」
（赤絵式キュリックス、紀元前470年頃、ヴァチカン美術館）

の謎を投げかけたスフィンクスのイメージはヒュームと重なるかもしれない)。このようにフッサールにとって哲学は、謎を抱える者（や謎を投げかける者）の生と深く結びついており、独断のまどろみからの覚醒というのは、「独断的態度」「自然的態度」から「現象学的態度」「超越論的態度」への哲学する者の「態度変更」として記されている。次章では、こうした態度変更について詳しく検討する。

参考文献

金田晋『芸術作品の現象学』（世界書院、1990年）
イマニュエル・カント『プロレゴーメナ』（土岐邦夫・観山雪陽訳、中公クラシックス『カント』、2005年、1-224頁）
ソポクレス『オイディプス王』（藤沢令夫訳、岩波文庫、1967年）
デイヴィッド・ヒューム『人間知性研究〈新装版〉：付・人間本性論摘要』（斎藤繁雄・一ノ瀬正樹訳、法政大学出版局、2011年）
フェルディナンド・フェルマン『現象学と表現主義』（木田元訳、講談社学術文庫、1994年）
エドムント・フッサール『現象学の理念』（立松弘孝訳、みすず書房、1965年）
――『ヨーロッパ諸学の危機と超越論的現象学』（細谷恒夫・木田元訳、中公文庫、1995年）
――『イデーンⅠ　純粋現象学と現象学的哲学のための諸構想 第1巻 純粋現象学への全般的序論』（2分冊）（渡辺二郎訳、みすず書房、2001年）
古田徹也『言葉の魂の哲学』（講談社、2018年）
フーゴ・フォン・ホーフマンスタール「チャンドス卿の手紙」『チャンドス卿の手紙／アンドレアス』（丘沢静也訳、光文社古典新訳文庫、2018年）
Husserl, Edmund, *Briefwechsel* (*Husserliana-Dokumente* Bd. III), Teil 7: *Wissenschaftlerkorrespondenz*, hrsg. von Elisabeth Schuhmann in Verbindung mit Karl Schuhmann, Springer, 1994.

7 哲学と生き方
──見ることを学ぶ

吉川　孝

《目標＆ポイント》 フッサールは、現象学的態度において、対象と意識の志向的関係を分析することで、世界の存在の意味を理解しようとする。この立場は、超越論的観念論のテーゼとして主張される一方で、フッサールはこの立場を哲学者の生き方や見方と関係づけている。哲学が生き方や見方であるとはどのようなことなのだろうか。それらは、哲学や倫理学の思考にとってどのような意味をもっているのか。現象学からの影響を受けながら、見方の倫理学を確立したマードックの思考についての理解を深める。
《キーワード》 一般定立、超越論的観念論、職業・使命、生き方としての哲学、行動主義、見方の倫理学、比喩

1. テーゼとしての観念論

前章では、「独断のまどろみからの覚醒」が、フッサールにおいて、現象学的還元による態度変更として捉え直されたことを確認した。哲学者は「認識のスフィンクス」から投げかけられた謎に戸惑い、態度変更を余儀なくされる。こうした態度変更は哲学においてどのような意味をもつのだろうか。

『イデーンⅠ』によれば、自然的態度というのは、現象学的哲学に先立って、私たちが世界の存在を確信しながら日常的に生きるときの生の様式である。そこには、世界を因果的に規定可能な自然とみなす「自然主

義的態度（自然科学的態度）」などの派生的な態度も含まれているが、それも世界の存在を確信しているかぎりで自然的態度の延長線上にある。自然的態度においては、世界が現実に存在することが確信されており、このことが「一般定立」と呼ばれている。

> 「現実」というものは、……私が、現にそこに存在するものとして、眼前に見出すものなのであり、そして私は、その現実を、それが私に対しておのれを与えてくる通りに、実際また現にそこに存在するものとして、受け取るのである。（『イデーンⅠ』第1分冊133頁）

態度というのは、何らかの観点から世界全体に関わる生の様式であり、自然的態度は「一般定立」によって現実性という観点において見いだされた世界を受け取る。私たちの日常の生の営みが一つの「態度」と特徴づけられることで、それとは別の態度を生きる可能性も示唆されており、デカルトやヒュームなどの近世哲学における「懐疑」の営みにも、自然的態度の変更の可能性が見いだされる。現象学的還元は、世界が現実に存在するかどうかの判断を停止して現象性の領域を開く方法であり、現実に存在する世界をそのまま受け取ることをやめる。

> 自然的態度の本質に属する一般定立を、われわれは、作用の外に置くのである。つまり、存在的な観点からみてこの一般定立によって包括されるようなありとあらゆるものを、われわれは……括弧の中に置き入れるのである。（同140頁）

現象学的な態度を採るとき私たちは、一般定立を「作用の外に」置き、「スイッチを切り」、「遮断」することで、定立に参加することをやめる。

今まで現実に存在するとされていたものは、「括弧に入れられる」ことになる。

現象学的還元という方法は「形而上学」と呼ばれる伝統的な哲学分野にも関係している。形而上学は、究極的に何がどのように存在しているのかという問題を扱い、例えば古代ギリシアの哲学者プラトンは、「イデア」と呼ばれる感覚されえない実在のみを真に存在するものと考えた。初期フッサールは思弁的思考に陥りがちな形而上学を避けていたが、ある時期からは「超越論的観念論」という立場をとって、現象学と形而上学との結びつきを強調する。「全世界が、実在の全部が、括弧に入れられたままであるときに、なおも何が、存在として、定立されうるのであろうか」（同 144-145 頁、強調は引用者による）という問いが立てられ、以下のように答えられる。

> このエポケーによって全く初めて開示されるものは、絶対的な存在領域、すなわち絶対的もしくは「超越論的」主観性という絶対的な存在領域なのである。（同 149 頁、強調は引用者による）

世界の存在を括弧に入れたのちにもなお残される存在領域は、客観的世界の条件となる「超越論的主観性」である（「超越論的」という語はカントが客観的世界についての経験の可能性の条件を示すために用いた）。自然的態度においては世界の存在が確信されていたが、還元によってはじめて超越論的存在の領域が開示され、その存在領域に関する学問（現象学）が可能になる。しかも、本書第 6 章で述べられたように、フッサールは、意識においてさまざまな対象性が志向的に構成されることを明らかにする。この志向的関係がここでは意識への世界の依存という意味をもつことになる。

> 絶対的ないし超越論的主観性の領域は、或る特殊な全く独自な仕方において、実在的な世界を、……「おのれのうちに担う」のであり、すなわち、現実的および可能的な「志向的構成」によって、それらをおのれのうちに担うのである。(同 149 頁)

ここでは、意識はそれが存在するために「事物」を必要としないために「絶対的存在」であるのに対して、「事物」の世界は、それが存在するためには意識に依存しており、「意識にとっての存在」として「志向的存在」である。こうした観念論のテーゼ（世界は意識に依存するという主張）は、実在論のテーゼ（意識から独立に世界が存在するという主張）との論争において主張される（この点については、植村玄輝「実在論と観念論」『ワードマップ 現代現象学』所収を参照）。

2. 生き方としての観念論

フッサールの観念論はテーゼとして主張されるのみならず、「エポケー（判断中止）」を通じた「態度変更」とも結びついており、真理探究の姿勢や生き方をも意味している。ある時期からの講義や論文は、現象学的態度における哲学の営みを「使命・職業（Beruf）」と結びつけている（*Erste Philosophie*, §28、「個人倫理問題の刷新」）。芸術家が美しい芸術を愛するように、哲学者は真理を愛するのであり、それが当人にとっての使命とみなされる。使命は、個々人の生をある種の必然性をもって方向づけており、バーナード・ウィリアムズ（Bernard Williams 1929-2003）が「個々人の基底的プロジェクト」（本書第 11 章）と呼ぶものとも重なる。哲学者というのは、絶対的な真理を愛さざるをえなくなり、正しい認識に身を捧げることを使命とする人のことであり、真理を探究することが人生のプロジェクトになっている。こうした使命・職業には特有の「職業時間」があり、それに特有の習慣的な態度が形成され、その時間には他の関心のスイッチが切られている（『危機』第35節）。現象学者の場合には、自然的態度の一般定立のスイッチが切られており、世界の存在の自明性が問いに付されることで、「宗教的回心」にも似た「人類そのものに課せられている最も偉大な実存の変化」が経験される（同245頁）。私たちは「自然的に現存する人間」として生きるのをやめているのであり、世界を私にとって志向的に構成されたものとして、自分自身を世界構成する超越論的主観性として理解しており、世界や自己をめぐる見方が一変している。

こうした哲学者は真理を愛し求めているが、それをすぐさま十全に把握できるわけではない。事物知覚の分析が明らかにしたように、私たちの認識は一面的であり、事物を一挙には把握できない。しかも実際の哲学の営みは、戦争や自然災害や病気などのさまざまな障壁によって頓挫することがあり、一人の人生のプロジェクトのうちで完結することがない。しばしばフッサールは、実現できない目標に向けて生きる意味はあるのだろうかと、哲学者として生きる意味の問いを立てており、「真理の探究」を「人生の意味」と結びつけている（真理の探究については本書第13章で、人生の意味については第12章で現代の英米哲学の議論が紹介される）。人間の情念を分析するヒュームもまた「狩猟の情念と哲学の情念ほどたがいによく似た二つの情念はあり得ない」として、哲学における真理への愛が不確実なものの獲得をめぐる快楽であり、「狩猟」やさらには「賭博」にすら似ていると指摘していた（『人間本性論』2-3-10）。フッサールにとっても、哲学者は真理への愛が満たされないことを知りながら、不確実な未来に向けて「試し」としての探究の生を送り続けるのであり、そのことが当人を哲学者（知を愛する者）の名に値する者とする。

こうした現象学者にとって、超越論的観念論は、哲学上の議論におけるテーゼであるよりも、哲学の営みそのものである。

この観念論は、「実在論(レアリスムス)」との弁証法的な戦いにおいて戦利品として得られるような、遊び半分の議論の産物などではない。それは……実際の作業のなかで遂行される、意味の解明なのである。このことはしかし同時に、構成する志向性そのものを体系的に露呈することを意味している。それゆえ、この観念論の正しさを証明するのは、現象学そのものなのである。(『デカルト的省察』156 頁)

世界と意識との志向的関係を分析することが、つまり現象学的態度を生き、そこから見えるものを記述することが、超越論的観念論の正しさを証明することにつながる。こうした超越論的観念論は、真理への無限の愛によって動機づけられる「生き方」であり、一貫した態度の習慣化により熟成する「見方」でもある。1919 年のある書簡では、フッサールは見ることに捧げた自己の生き方について語っている。

私の全生涯は、純粋に見ることを学び、実行し、その根源的な権利を主張するものでした。(*Briefwechsel* Teil 3, S.413)

哲学史家のピエール・アド(Pierre Hadot 1922-2010)は、理論的な言説のみならず「精神的な修練」という観点から歴史上のさまざまな哲学を理解しており、そこにはフッサールやルートヴィヒ・ウィトゲンシュタイン(Ludwig Wittgenstein 1889-1951)などの 20 世紀の哲学者も含まれている(『生き

写真提供　ユニフォトプレス

図 7-1　アド

方としての哲学』第6章)。哲学は理論であるばかりか、私たちの生き方や見方であり、修練によって身につけられる。フッサールの哲学はまさに「生き方としての現象学」であり、現象学者は、現象学的態度に立って、超越論的観念論を生きながら、そこから見えるものを記述する。現象学を営むということは、超越論的態度に生き、そこから世界と人間を見ることを学び、言葉によって記述する習慣を身につけることになる。

3. 内的生を記述する

哲学が生き方や見方に関係することは、イギリスで活躍した倫理学者であり著名な小説家でもあるアイリス・マードック（Iris Murdoch 1919-1999）によっても示されている。彼女は、1940年代にフランスでジャン＝ポール・サルトル（Jean-Paul Sartre 1905-80）やシモーヌ・ド・ボーヴォワール（Simone de Beauvoir 1908-86）の現象学に魅了され、その源流であるフッサールについて博士論文を計画したが、結局はウィトゲンシュタインの研究に集中する。

マードックの倫理学を理解するために、当時の哲学における行動主義の台頭を確認しておかねばならない。フッサールが意識の基本的特徴を「志向性」とみなし、物理的自然とは異なる性質をもつと主張した20世紀の初頭、物理学を中心とする自然科学の目覚ましい発展に呼応するかたちで、心を解明する学問（心理学）の方法論が大きな問題になっていた。私たちが自分や他人の心をどのように認識して、学問的に論じうるのかは、哲学の問題にもなった。イギリスの哲学者ギルバート・ライル（Gilbert Ryle 1890-1970）は、フッサールやハイデガーの現象学に

写真提供　ユニフォトプレス

図7－2　マードック生誕地（ダブリン）

ついて論評をしていたが、後期ウィトゲンシュタインの影響も受けて、デカルトから現象学にまで及ぶ意識を中心とする哲学を批判するようになり、行動主義と呼ばれる立場を確立する。行動主義とは、私たちの心が、意識の閉じた内面においてではなく、身体運動としての行動との関連において語られるとする立場である。つまり、心的用語が有意味に用いられるとき、私秘的（プライヴェート）な出来事が指示されるのではなく、行動に結びつく観察可能な基準に依拠している。私たちが日常的に「考える」「怒る」などと言うとき、何らかの行為やその行為の状況に目が向けられており、公共的に観察できないプライヴェートな内面が問題になるわけではない。

マードックは、自然科学のような観察や検証を意識にも求めるこうした動向を批判して、フッサールと同様に、人の内面としての意識経験に独自に目を向けている。行動主義を掲げるライルとの学術的対話から生まれた論文「考えることと言語」（1951年、後に *Existentialists and Mystics* 所収）では、私たちのモノローグ（ひとりごと）において生じている個別の出来事について考察している。

> 確かに、私たちは内的経験との関連において心的語を学ぶわけではないし、また、行為を参照することでそうした語……を含む命題を検証ないし正当化する。しかし、そこからは、内的経験のような「いかなるものも」存在しないとか、内的経験は心的語によって意味されるものではない……ということが帰結するわけではない。（*Existentialists and Mystics,* p.38）

ここでは、ジョージ・エリオット（George Eliot 1819-1880）の小説『ダニエル・デロンダ』（1876年）から、溺れる夫（グランドコート）を

写真提供　ユニフォトプレス

図7－3　エリオット

助けることをためらう妻（グウェンドレン）の内心において、夫の死が意図されていたかどうかが問われる場面（『ダニエル・デロンダ』第57章）が引き合いに出される。このような思いが妻の心に生じていたかどうかは、公共的に観察されえないが、大きな意味をもっている。行動主義がそうした思考を個人の内面に位置づけることを避けようとするのは、公共的に観察され、経験によって検証されうるものだけを真の存在とみなす存在論的な偏りを示している。むしろ、内的経験は、観察を通じて真偽を問われるわけではないが、言語によって表現されるものであり、ときには「胸が締め付けられる」「はらわたが煮えくり返る」のような比喩を通じて語られる。ここでは「比喩が言語構造の周縁的な無用の長物ではなく、生きた中心になっている」のである（*Existentialists and Mystics*, p.40）。

4. 見方（ヴィジョン）の倫理学

マードックは、当時の道徳哲学の（今日もそれほど変わらない）ある種の傾向を批判する。その傾向は、判断に基づいて行為を自由に選択する行為者を想定したうえで、公共的に観察できる行為にのみ目を向けて、その行為の道徳的な善さについて社会全体の利益との関連で誰もが自由に議論することを歓迎している。さらには、事実と価値とを峻別できると考えたうえで、事実については経験科学の客観的探究が重視され、価値については主体の感情や態度から導きだされることが想定される（この点は本書第10章でも詳しく論じられる）。こうした人間や道徳のイメージに依拠する哲学は、個人の意識経験が折り重なって形成される「見方（ヴィジョン）」の水準から目を背ける点で、いちじるしく不十分である（受動性を強調して、見え方や視力と訳されることもある）。

　私たちが誰かを理解し評価するときには、特定できる実践的問題に対して彼らがどう対処するかだけではなく、彼らの全体的な人生の見方とも呼ばれうるとりとめのないものを考察する。それは、彼らの話し方や沈黙の仕方、語の選び方、他者をめぐる評価の仕方、自分の人生についての考え方、何を魅力的で価値があると感じるのか、何をおかしいと思うのかに示される。（「道徳における見方と選択」1956年、*Existentialists and Mystics*, p.150）

人々のそのつどの行為は見方に支えられており、行為するときには見方がそのつど表現されている。私たちは「自分が見ることができる世界の内でのみ選択することができる」のであり、見ることは行為を支え方向づけており、「われわれはしばしば自分が見ることのできるものによって自動的に強制される」とも言われる（マードック『善の至高性』56-57頁）。この点において、「見方」は自ら選択・変更できるフッサールの「態度」とは異なっており、何が善であり、何が悪であるのかをまず認識する（見る）ことがなければ、悪を避けて善を為す行為を選択することもない（このことは、フッサールと同時代の現象学者マックス・シェーラー（Max Scheler 1874-1928）が「価値認識（ないしは特殊な場合には道徳的な価値認識）に、道徳的意欲、いや道徳的態度一般は基づいている」という形で『倫理学における形式主義と実質的価値倫理学』において明確に指摘したこととも重なる。上巻141頁）。現代の道徳哲学が認識よりも行動を重視するのは、見方が観察・検証に適していないためであり、さらにそれは歴史的文脈に依存しているので、議論を通じて自由に選択・変更するのが困難なためである。しかし、あくまでも見方が行為を支えており、さまざまな道徳上の対立が見方に根ざすものであるならば、道徳哲学においても、私たちの見方を少しずつ変化させて「道徳的達成」を導いたり、異なる見方の人との関係を熟慮したりすることが重要になるだろう（倫理学における見方の重要性は、佐藤岳詩『「倫理の問題」とは何か』で詳しく検討されている）。

マードックが構想する「見方の倫理学」においては、私たちが自己を超えたもの（＝実在）に出会い、自己の見方を変化させることが道徳の基本的な形式となる。

> われわれは、何か自分以外のもの、たとえば自然的事物や助けを必要とする人間を注視するために、自分の存在を止めるのである。（『善の至高性』92 頁）

道徳生活の最大の敵は不当に増大する自我（エゴ）であり、道徳哲学はこのような自我を打ち負かす技術についての議論であったし、そうあらねばならない。私たちは私的な幻想を抱きやすく、そうした幻想は真の世界を見ることを妨げる。そうした自己の夢想を打ち砕くのが、自己を超えて実在する世界やその世界に生きる個人としての他者たちである。

マードックは、見方の変化の道徳的意味を示すような具体例をあげている（同 26-28 頁）。母親は義理の娘に対して敵意を抱いていた。しかし、時が経ち、母親は娘を注視するようになり、自分の偏見を問い直す。すると、娘は「俗物」ではなく「純ですがすがしい」人物であり、「騒々しい」のではなく「陽気」であり、「子供っぽい」わけではなく「愉快ではつらつとして」いることがわかる。ここでは、娘の行動や外見は当初と変わっておらず、あくまでも母親の見方が変わっている。マードックは、現象学者サルトルの小説『嘔吐』(1938年) における主人公ロカンタンによる「存在への気づき」の描写やウィトゲンシュタインの『哲学探究』における「アスペクト転換」——「ウサギ－アヒル」の図においてウサギとして見えていたものがアヒルとして見える変化——の分析を踏まえながら、見方の変化によって何かがまったく異なる仕方で出現する経験を、道徳に欠かせないものとして描きだしている。

写真提供　ユニフォトプレス

図7－4　ウサギ－アヒル

5. 道徳の言語としての比喩

見方の変化について語るときには、意識の変化を促すことにつながる比喩が求められる (フッサールの態度変更にも「スイッチを切る」「括弧に入れる」などの比喩が用いられた)。マードックは、意識を行動と結びつける行動主義を批判するのみならず、意識の内面性をただ学術的に分析することからも距離をとっており、道徳にとって意識経験の変化を重視して、その変化を促す言語の可能性を考察している。したがって、マードックは、同時代の道徳心理学や現象学がそうするように、「信念」「欲求」や「超越論的主観性」「志向的構成」などの専門用語で意識経験を記述するわけではない。

人間の意識の展開は、比喩の使用と分かちがたく結びついている。比喩は、単に枝葉末節を飾る装飾でもなければ、便利な模型ですらない。空間の比喩、運動の比喩、視覚の比喩などは、人間の条件についてわれわれが抱く意識の根本形式なのである。(『善の至高性』121 頁)

私たちの意識は、何かに向かったり、振り向いたり、肥大化したり、打ち砕かれたりする。道徳哲学が「いかにしてわれわれは自らをより善きものにすることができるのか」を考察するとき、その答えは「説明的で説得的な比喩の形態」をとる（同 122 頁)。プラトン（Plátōn）は巧みな比喩の使い手であり、洞窟や国家の比喩によって、人間の心を語ることに成功した。私たちは洞窟のなかに縛られており、洞窟の外部の世界を見ることはない。もしも解き放たれて洞窟の外に出ても、太陽の光が眩しく、何も見えないが、次第に目が慣れることで、世界が見えるようになる。こうした比喩による語りは、自己の偏見を乗り越えるよう私たちを促している。私たちの意識が現にどうであるかを記述するよりも、現にあることを超えてより善きものへと変化するにはどうすればよいかを思考することが道徳の営みの核心にある。こうした道徳哲学にとっては、文学などの芸術作品の意義が大きなものになる。文学の言葉は、まさに見方の変化としての道徳を語るのに適している。小説の言葉は、学問の記述がそうするように、事実と価値を分割して後者を排除することなく、私たちの意識を善きものの方へと導くよう動機づける。

さらには、芸術を鑑賞する者にとって、芸術作品の鑑賞経験が道徳経験と同じような働きをすることも重要である。いうまでもなく、芸術は他者の心や他者が生きる世界を描いており、鑑賞者に対して「日常の酔生夢死の意識では見ることのできない世界の諸相」を明らかにする（同 137 頁)。芸術を通じて私たちは自己の幻想から解き放たれ、実在の方へと導かれる。しかも、ときに作品の鑑賞には訓練が求められており、見方を学ぶことが肝要である。そうした芸術は「個々人の利己的で妄想的な限界を超越し、芸術鑑賞者の感性を拡大する」ことができる（同 135-136 頁）。

> 世界から逃れるためにではなく、世界と結びつくためにひとは想像力を用いるのであって、想像力はわれわれを鼓舞し、活気づける。（同 141 頁）

芸術に関わる想像力は、私たちを自己を超えた実在に出会わせる役割を担っており、この意味で道徳の経験と重なっている。

フッサールにおいて、自然的態度から超越論的態度への態度変更は、見方の変化を導き、それとともに「世界」「意識」などの言葉が全く別の意味を獲得する。自然的態度において意識から独立に存在していた「世界」はいまや意識にとって現れるものとなり、世界のなかの人間のものとされていた「意識」は、世界全体がそこにおいて現れる超越論的主観性という意味を手にするようになる。これまでとは異なる態度において、新しい見方をすることが、言葉の新たな使い方を身につけることに通じている。こうした点は、マードックにおいてまさに道徳の営みの核心をなすものである。

実在する他者に出会い、自己の独断的な見方が修正されるということは、他者とともに世界を経験して、他者の用いる言葉を学ぶことでもある。

> 言葉は時空的な文脈と概念的な文脈との双方を持っており、われわれはその文脈に参加することを通じて言葉を学ぶのであり、語彙は対象に対する注意深い注視を通して進展して行く。また、私たちが他人を理解できるようになるのも、ある程度他人と文脈を共有できるから

である。(同 49 頁)

見方の倫理学は、行為を支える見方の水準に目を向けながら、自分を超えたものに出会い、自分の見方が変化することの意義を強調する。そうした見方の変化には、言語の使い方の変化が伴っており、私たちは言語を学びながら、自分の見方を変化させることになる(本章での「見方」や「見る」は文字通りの視覚能力のことではなく、世界の理解の仕方や感じ方などを意味している)。

参考文献

ピエール・アド『生き方としての哲学：J. カルリエ，A. I. デイヴィッドソンとの対話』（小黒和子訳、法政大学出版局、2021 年）
植村玄輝・八重樫徹・吉川孝編『ワードマップ 現代現象学』（新曜社、2017 年）
ジョージ・エリオット『ダニエル・デロンダ　上・下』（藤田繁訳、彩流社、2021 年）
佐藤岳詩『「倫理の問題」とは何か　メタ倫理学から考える』（光文社、2021 年）
マックス・シェーラー『倫理学における形式主義と実質的価値倫理学』（上・中・下巻、シェーラー著作集 1-3）（吉沢伝三郎訳、新装復刊、白水社、2002 年）
デイヴィッド・ヒューム『人間本性論　第 2 巻　情念について』（石川徹・中釜浩一・伊勢俊彦訳、法政大学出版局、2011 年）
エドムント・フッサール『ヨーロッパ諸学の危機と超越論的現象学』（細谷恒夫・木田元訳、中公文庫、1995 年）
――『イデーン I　純粋現象学と現象学的哲学のための諸構想 第 1 巻 純粋現象学への全般的序論』（2 分冊）（渡辺二郎訳、みすず書房、2001 年）
――『デカルト的省察』（浜渦辰二訳、岩波文庫、2001 年）
エドムンド・フッサール「個人倫理問題の刷新」（『改造』6 巻 2 号、1924 年）
アイリス・マードック『善の至高性　プラトニズムの視点から』（菅豊彦・小林信行訳、九州大学出版会、1992 年）
Husserl, Edmund, *Erste Philosophie (1923/24). Zweiter Teil. Theorie der Phänomenologischen Reduktion*, Husserliana Band VIII, Nijhoff, 1965.
——, *Briefwechsel* (*Husserliana-Dokumente* Bd. III), Teil 4: *Die Freiburger Schüler*, hrsg. von Elisabeth Schuhmann in Verbindung mit Karl Schuhmann, Springer, 1994.
Murdock, Iris, *Existentialists and Mystics: Writings on Philosophy and Literature*, Peter J. Conradi, ed., Penguin Books, 1997.

8 日常と声
――他者とともに生きる

吉川　孝

《目標＆ポイント》 フッサールから現象学の手法を継承したハイデガーは、声と自己理解の関係を考察している。その影響も受けたカヴェルは、声を聴く経験を通じて、私たちの生き方や見方が変化するプロセスを描き出している。日常を生きる人の声、日常の理解を拒む懐疑論者の声など、さまざまな声はどのように関係しあうのか。さらに、文学などのテキストからさまざまな声を聴き取ることが、いかなる意味において哲学になるのか。声と哲学の関係ついての理解を深める。
《キーワード》 世界内存在、道具、世人、呼び声、日常言語、懐疑論者、自伝、道徳的完成主義

1. 日常を生きる

マードックは、最初の哲学的著作『サルトル ロマン的合理主義者』（1953年）以来、現象学と対峙しつづけ、晩年にはマルティン・ハイデガー（Martin Heidegger 1889-1976）についての著作を準備していた（が実現されなかった）。ハイデガーは、師のフッサールの現象学の方法を独自に継承しつつ、私たちの日常の経験を分析して、私たちの振る舞いのなかで見方が変わったり、声を通じて生き方が変わったりする場面に光を当てている。『存在と時間［*Sein und Zeit*］』（1927年）は、古代ギリシアに由来する「存在の意味の問い」に取り組んでいる（池田喬の『ハ

イデガー『存在と時間』を解き明かす』は、英米現代哲学をも視野に入れながら、この著作を読み解いている)。ハイデガーは、私たちが「存在とは何か」をある意味で知っていることを重視して、机や友人などの存在するもの(存在者)が「存在する」とはどのようなことかを、私たち自身に問いかける。私という存在者は「現に(da)」に「いる(sein)」という点にのみ焦点が合わされ「現存在(Dasein)」と呼ばれる。

> 現存在は、おのれの存在において了解しつつこの存在へと態度をとっている存在者なのである。このことでもって実存の形式的概念が暗示されている。現存在は実存する。さらに現存在は、そのつど私自身がそれである存在者なのである。(*Sein und Zeit*, S.52-53)

現存在は実存として存在を理解しながら存在しているが、そうした存在理解は日常性において見過ごされている。それを明らかにする最初の一歩は、現存在の存在を「世界-内-存在」と特徴づけることである。ここでの「世界」は、空間的に延長する物の総体としての自然――デカルトや近代自然科学が念頭に置いているもの――ではない。むしろ、私たちは日常的に「道具」に接しており、ペンは書くため、机は作業をするため、ランプは手元を照らすためというように、道具は「…ためのもの」という「指示」をもっている。そうした道具の指示の連なりは、現存在にとっての「有意義性」でもあり、この有意義性の全体が「世界の世界性」と呼ばれている。現存在はこうした世界のうちに存在しているが、この「内-存在」というのは、何らかの空間のうちに物理的位置をしめることではなく、世界に「住まう」「慣れ親

写真提供　ユニフォトプレス

図8-1　ハイデガー

しんでいる」ことを示している。世界−内−存在というのは有意義性と親密であることであり、現存在は慣れ親しんだ文脈のなかに住まい、そのなかで道具と交渉している。

現存在が世界に慣れ親しむことおいては、道具は「目立たなさ」という特徴を示している。ここでハイデガーは、何かが「それ自体で存在する」という哲学のトピックについて、きわめて独自の見解を表明している。カントにおいて「物自体」というのは、経験される現象の背後に思弁的に想定される超越者であった。フッサールはそうした思弁を避けながら、物自体の「超越」を、経験の際限のなさという点から理解し直した（本書第6章）。しかし、ハイデガーによれば、ハンマーがそれ自体で存在するということは、道具として使用され、目立たなさにおいてそれ自体として出会われていることを意味する。

> ハンマーという事物が単にぼーっと眺められることが少なければ少ないほど、つまり活発に使用されればされるほど、この事物へと態度をとる関係はますます根源的になり、この事物はこの事物がそれである当のものとして、つまり道具として、ますます赤裸々に出会われる。（同 S.69）

道具は故障したときにはじめて目立つのであり、そのとき道具そのものであることをやめて、物として認識の対象になり、壊れた箇所や原因などに目が向けられる。このとき私たちは「出会われている道具的存在者を、「新たに」、事物的存在者として注視する」のであり、「…世界内部的存在者との配慮的に気遣いつつある交渉を導いている存在了解内容が、転化した」のである（同 S.361）。いままで道具は「手元存在性・道具存在性（Zuhandenheit）」において理解されていた（使用されていた）が、いまやただの「物」として「手前存在性・事物存在性（Vorhandenheit）」において理解される（認識される）。ここで私たちの存在理解のモードが転換したのであり、まさに「見方（ヴィジョン）」（マードック）が大きく変化している。しかも、自然科学は、こうした見方をさらにおし進めて、「手前存在性・事物存在性」において存在する事物を、量的に規定できる構成契機（運動、力、場所、時間など）の観点から説明しようとする。数学的な観点から自然を特徴づけるという存在理解の方向性――「自然自身の数学的企投」（同 S.362）と呼ばれる――があってはじめて、自然科学による自然の理解が可能になる（フッサールにおける「自然主義的態度」もこれに相当する）。それは近現代の自然科学や科学技術の発展の根本にあるが、あくまでも一つの見方にすぎない。

世界–内–存在をめぐるこうした洞察は、伝統的な認識論にも大きなインパクトを与えることになる。

> 現存在は、現存在が差しあたって閉じこめられているおのれの内面圏域からまず出てゆくのではけっしてなく、おのれの第一次的な存在様式から言って、つねにすでに「外部」に存在している、つまり、そのつどすでに暴露されている世界において出会われる存在者のもとで存在している。（同 S.62）

このような特徴づけは、外界の存在への懐疑論を踏まえて外界の実在を証明する認識論の試みに大きな疑問を呈している。現存在がいつもすでに外に出ており、それ自体で存在する道具的存在者と交渉しているのであれば、わざわざその存在を証明する必要はない。したがって、「そもそも世界というものが存在しているのか」「世界の存在が証明されうるのか」といった問いは「無意味」である（同 S.202）。世界の存在を否定する懐疑論やその問いに正面から応答する認識論は、現存在の存在を捉えていないことから生じるのであり、ハイデガーはここで、懐疑論や認識論が前提にしている見方の根拠を問いただしている。

2. 呼び声による自己の変様

日常性における現存在は「世人（das Man）」として存在している（同 S.115）。世人とは、「ひとは一般的に…する」と言うときの「ひと」に相当するものであり、私たちは普段そうした世人として振る舞っている。私たちは学生として、教員として、会社員として、父や母などとして、一般的になされているようなことをしている。

> 日常的な現存在の自己は世人自己なのであって、この世人自己をわれわれは、本来的自己から、言いかえれば、ことさらつかみとられた自己から区別する。世人自己としてはそのときどきの現存在は、世人のなかに分散して気散じしており、おのれをまず見いださなければならない。（同 S.129）

世人としての現存在は、自らの固有の存在可能を失っており、自分を隠蔽しながら存在している。そこでは他者たちの都合が現存在の諸々の存在可能を左右しており、現存在は自己でありながらも、不特定の人たちによって代理・代表されている。

> われわれは、ひとが楽しむとおりに楽しみ興ずる。われわれが文学や芸術を読んだり見たり判断したりするのも、ひとが見たり判断したりするとおりにする。（同 S.126）

「平均性」と呼ばれるある種の規範が世人を支配しており、例えば、「子供らしさ」「男らしさ」「女らしさ」などのそれほど根拠があるわけではない規範が効力をもっていて、私たちの行為を規定している。そうした平均的日常性から自己の固有の存在可能がとりもどされるときには、現存在の生きるモードが変化するという意味での「実存的変様」が生じている。現存在が固有に存在するようになる具体的場面の一つとして、死にかかる場面をあげることができる。

> 死とともに現存在自身は、おのれの最も固有な存在しうることにおいて、おのれに直面している。……現存在の死は、もはや現存在しえないという可能性なのである。現存在がおのれ自身のこのような可能性としておのれに切迫しているときには、現存在は、おのれの最も固有な存在しうることへと完全に指示されている。（同 S.250）

死は自分固有のものであり、他人に代わってもらうことができない。このように、自分で引き受けざるを得ない死に向かうことにおいて、現存在は自らの固有性を生きることになる。しかし、「人はいつかみんな死ぬ」という場合のように、自分には縁のない世人の一般的な可能性として死を捉えることもできる。死にかぎったことではなく、さまざまな局面において、何らかのこと（例えば子供の教育費のこと、近親者の介護のこと、自分が介護されることなど）が自分の可能性（我が事）として迫ってきたり、自分には関わりのない一般的なこと（他人事）として理解されたりする。こうしたことは、現存在が固有性と非固有性とのあいだで実存的に変様を繰り返しながら存在していることを意味している。ハイデガーは、こうした実存的変様における「声」の役割を描きだしている。

そうした呼び声は、世人自己にその自己において呼びかける……。このような呼びかけとして呼び声は、自己をその自己存在しうることへと呼びさまし、したがって現存在をその諸可能性をめがけて呼び進めるのである。(同 S.274)

良心の呼び声は、最も固有な自己に向かうように、現存在に呼びかけるのであり、現存在を最も固有な責めある存在へと呼びさます（同 S.269)。「良心」や「責め」という道徳と結びつく言葉を用いながらも、ハイデガーは何らかの内容の道徳規範を述べているのではなく、現存在が自己の固有性を生きる——何かが我が事として迫ってくる——仕組みを明らかにしている。何らかの生き方や振る舞いが、人が一般的にするようにではなく、自分の固有性においてせざるをえなくなる。現存在は通常は世人を「傾聴する」ことで自己を「聞き落とし」、一般的に振る舞っているが、良心の「呼びかけ」を聞き取ることで呼びさまされ、固有の自己を取り戻す（同 S.271)。さまざまなかたちで声を聴く経験が実存のモードの変化（変様）を引き起こしている。存在の意味をめぐるハイデガーの考察は、自己理解を深めることが哲学になることを示している。

3. 懐疑論を生きる

スタンリー・カヴェル（Stanley Cavell 1926-2018）は、ハイデガーを高く評価する（珍しい）アメリカの哲学者であり、その影響も受けながら、声をめぐる哲学を展開している。その出発点は後期のウィトゲンシュタインやジョン・ラングショー・オースティン（John Langshaw Austin 1911-1960）などの日常言語学派の哲学であるが、彼らは哲学における日常性という観点の重要性をハイデガーと共有している。カヴェルによれば、日常言語学派は、客観的な対象としての言語ではなく、「私たちが言うこと」に目を向けている。そうした言語の探究は、データを収集して検証するわけではなく、話者自身が使用する言葉を通じて、自分たちの理解を明らかにする。ここでカヴェルは、デカルトやその継承者フッサールにおける「自我」や「私は考える」の一人称単数の認識論的確実性の議論を横目に見ながら、「「私たち（we)」が複数形でありながら一人称であるという事実」を強調する。

> 一人称の単数形は最近注目されていて、きわめて重要な論理学的・認識論的な特性をもつことが示されている。一人称の複数形にも同じように重要な特性があるにもかかわらず、私の知るかぎりでは無視されてきた。(Cavell, *Must We Mean What We Say?*, p.14)

日常言語は話者や文脈と切り離せないものであり、当人たちがその状況における使い方を熟知している。カヴェルの関心は、「自分の信念が何を意味するのかを明らかにし、それらが占める特定の地盤を学ぶこと」であり、「私たちの言うこと」としての日常言語の分析を通じて自己理解を明確にしようとする（同 p.241)。ここには、自己の存在理解を明らかにするハイデガーの手法と共通するものがある。

しかしながら、カヴェルにとっては、そうした一人称複数による言語使用が拒絶されて、私たちの理解が揺るがされることも大きな意味をもつ。私たちの日常における理解が拒絶されるのは、私たちとは異なる理解が出現するときである。懐疑論というのは、まさに私たちの理解を絶した狂気のように、私たちの前に立ちはだかるのであり、私たちとは異なる日常を生きる人々の存在を示唆している。懐疑論

写真提供　ユニフォトプレス

図8－2　カヴェル

を私たちの日常の理解を絶した人たちの生と関連づけ、彼らとともに生きることを模索するカヴェルの姿勢は、懐疑論にかなり冷淡なハイデガーと一線を画している。

さらに興味深いのは、懐疑論が哲学の主張の一つではなく、むしろ懐疑論者——日常の理解を共有しない人たち——という人の水準において考察される点である。私たちが私たちの言語によって何かを言い、世界を理解しているように、懐疑論者も、私たちとは別様に世界を理解しながら生きている。こうして「懐疑論を生きる」ことや「懐疑論の脅威を生きる」ことに光が当たるのであり、世界や他者の存在を信じることができない人たちを描く文学や映画が、哲学と同じ土俵に上がることになる（カヴェル『悲劇の哲学』51 頁）。フッサールは観念論を生きる者に、カヴェルは懐疑論を生きる者に光を当てているが、両者はともに、哲学が何らかの人物によって我が事として営まれることを重視している。

カヴェルはウィリアム・シェイクスピア（William Shakespeare 1564-1616）の『リア王の悲劇』から、懐疑論を生きたり、その脅威にさらされたりする人物を読み取っている。年老いたリアは退位して 3 人の娘に領土を贈与しようとするが、末娘のコーディーリアの愛を信じることができない。家臣のグロスター伯は、不義の子であるエドモンドを信頼できないし、エドモンドもまた親や兄を信じることができない。そうした人物たちは、「身をさらすことへの恥、正体が明かされることへの脅威」（『悲劇の哲学』98 頁）のなかで自分に閉じこもっており、他者に自分の心をさらして、他者とともに世界を生きることを拒んでいる。リアを中心とする登場人物たちは、他者を承認したり、他者から承認されたりすることを避けており（愛を回避しており）、人間的な関係を築くことができない。彼らは、他者の心を知りえないというよりは、むしろ他者の心を承認できないのであり、ここから懐疑論が示す真実として、懐疑論に陥ることのない通常の私たちは世界や他者を「承認する」ことで日常を生きていることが明らかになる（この「承認」はハイデガーならば「慣れ親しみ」と言うものであり、懐疑論に対してまったく異なる評価をするカヴェルとハイデガーが日常を生きることを同じように捉えている）。

4. 哲学における自伝的なもの

哲学とは異なるスタイルもつ文学（さらには映画やオペラなど）の土俵にあえて踏み入るカヴェルは、「哲学と文学との意思疎通という問題はそれ自体が哲学の問題なのか、それとも文学の問題なのか」（同 17 頁）と問いかけながら、異なるジャンルとの対話を試みている。こうした試みは、私たちとは異なる日常を生きる者（懐疑論を生きる者）との対話の可能性を探ることと重なっている。カヴェルは、文学のみならず、さらにはラルフ・ワルド・エマソン（Ralph Waldo Emerson 1803-1882）やヘンリー・デイヴィッド・ソロー（Henry David Thoreau 1817-1862）のような、現代哲学の主流にとって疎遠なアメリカの思想家――哲学者ではなくエッセイストのような扱いをされてきた――たちを取り上げる（『センス・オブ・ウォールデン』）。ソローの『森の生活』（1854 年）は、マサチューセッツ州コンコードのウォールデン湖畔での生活を綴った自伝的な作品であるが、これは日常言語の哲学と共通する手法が用いられている。ソローのようにある土地である時代に生きる自己の生き様を記すことも、ウィトゲンシュタインやオースティンのように「私たちが言うこと」を考察することも、自分のことを語っているのであり、そうした哲学は自伝と結びついている。

ウィトゲンシュタインやオースティンのよう

写真提供　ユニフォトプレス

図 8－3　ソロー

な人たちは、自らの身体を賭け金にして哲学と渡りあい、生きながらえて自らの物語を語ることにより、ある哲学的次元を切り開こうとしていたにちがいない。（カヴェル『哲学の声』28 頁）

そうした自伝的な哲学は、理論や主張を展開するよりも、当人の「声」に関わることになる。「私はここで、私が声と呼んでいるものとの関連において哲学を語ることを提案する」とされるように、「逸話を織り交ぜた語り方」「自伝的な語り方」において、哲学の思弁的・論理的思考にかき消されていた「声」が聞き取られる（同 18 頁）。こうして、理論やテーゼのみならず、さまざまな人たちの生に焦点を合わせる思考が展開される。

しかし、そのような試みは、たんなる自伝であることを超えた**哲学**であるかぎりで、自分たちの声こそが**人間の模範**であり**代表**であると想定することになる。カヴェルにおける声の分析は、私が誰かの代わりに語るという「代表性」をめぐる論点と切り離すことができない。私の語りが、私たちを、さらには人間を代表するというのは、私たちが日常の理解を共有するかぎりで成り立つが、そこにはつねに、私たちの理解を超えた地点に生きる人たち――懐疑論を生きる人たち――の生が示唆される。

代表性（representativeness）をもちながら生きようとするならば、人は同時に自らの有限性を注視しなければならず、自分を超えるものを銘記しなければならない……。（同 31 頁）

どのような個人としての私の語りも、言語の力ゆえに、誰かを代表するものとして、私たちの声になる。しかしそこには、「私たち」と括られることで抑圧される声があるかもしれない。懐疑論を生きる人たちは、まさに私たちの理解の外側から「それは私のことではない」と抗議の声をあげる。しかもその声もまた誰かを代表するものであり、誰かに代わって語っている。

カヴェルは、さまざまな人たちの生き方やそれを支えている条件に目を向ける思考を「エマソン的完成主義」「道徳的完成主義」として展開している。この立場は、人が生きることに関わる道徳的思考であり、「人と人との関係」や「自己が（そしてその社会が）変様する可能性や必然性」に光を当てる（『道徳的完成主義』55頁）。カヴェルはマードックを継承しながら、人の生き方やものの見方、それらの変化などに目を向け、それぞれの自己が他者とともに生きることを検討する道徳的意味を重視している。私たち人間は「それぞれの状態がひとつの世界（エマソンのいう円）を構成する」のであり、完成主義という言葉は「自己の状態のひとつひとつがいわば完結(ファイナル)的なものだというエマソンの感覚」を表している（同57頁）。

> 私たちは人間的な偏りの実例として生きている。それは〈道徳的完成主義〉が、どんな形式をとるにせよ人間的個体〔individual〕として認知するものの実例である。この人間的個体はそれ自身で完結しているのではなく、自分のなかでそして他者のなかで、さらなる自己〔further self〕に向かって開かれている。（同272頁）

写真提供　ユニフォトプレス

図8－4　エマソン

エマソンの「考えることは部分的な〔偏った(パーシャル)〕行為です」（「アメリカの学者」132頁、〔　　　〕内は引用者による挿入）という言葉を手掛かりに、カヴェルは、各人がそれぞれの偏った立場から他者とともに生きる条件に目を向ける（『道徳的完成主義』124 頁）。

5. 声のせめぎ合い

カヴェルは、哲学書の読解においても、概念を明確化したり論証を再構成したりするのとは別に、さまざまな人物の生に注目し、年齢、ジェンダー、言語などの異なる人たちの声に耳を傾けている。ジョン・スチュアート・ミル（John Stuart Mill 1806-1873）の『自由論』（1859 年）には、彼にとって特別な存在であった女性のハリエット・テイラー（Harriet Taylor 1807-1858）について、「私が書いてきた多数の論文の、最良の部分はすべて彼女のおかげであり、彼女はそれらの論文の共著者だとも言える」と記されている（『自由論』9 頁）。ここから示唆されることだが、ミルが社会における女性の従属が不当であると『女性の解放』（1869 年）において主張するとき、彼は女性に代わって語ることで、表には出ない女性の声を「盗用」しているかもしれない。

さらには、ウィトゲンシュタインの『哲学探究』（1953 年）では、大人が子供に言葉を教えたり、算術の規則を教えたりする場面が印象的に記述されている。繰り返し登場する子供は、その声を受けとめられることがないまま、大人たちのあいだを動きまわり、言葉や規則をどうにか理解しようと孤独な努力をしている。「子供は年長者から言語を盗まざるをえない立場にある」というように、子供が言語を身につけるということは、不可避的に、大人たちの言語を盗むことを意味する。声を抑圧されたマイノリティは、他者の言葉を用いる（盗む）

写真提供　ユニフォトプレス

図 8－5　ミルとテイラー

ことで、自分の欲望を表現できるようになる。『哲学探究』の子供の声が大人たちには聴こえなかったように、『リア王の悲劇』においては、リアの娘コーディーリアの控えめな言葉は、父親のリアには届かなかった。

リア　……姉たちよりも豊かな領土を引き出すために何と言う？　言え。
コーディーリア　言うことは何もございません。
リア　何もない？
コーディーリア　ございません。
リア　何もないところから何も出て来はせぬぞ。言い直せ。
コーディーリア　ふつつかゆえ、この心を口にまであげることができません。

（『リア王の悲劇』11-12 頁）

カヴェルはときに何も言うことができない「沈黙した子供」と自分を重ね合わせるようにして、大人の理解を超えた者たちの声を聴き取ろうとする。こうしたことから「哲学者としての私の人生の目標は……子供の声を発見することである……」とも言われている（『哲学の声』70 頁）。しかし同時に、カヴェルは「辺りを注視しながら待ち構えている大人と私とを重ね合わせもした」とも述べている。大人が子供の声を聴くことができないときには、孤独を生きざるをえなくなるかもしれない。こうしたことを自覚することは、「子供の沈黙に耐えられず、子供が口にすべき言葉にも、すべきでない言葉にも耐えられない」ような「年老いたリアの恐怖」に共感することでもあろう。

ヒュームは、哲学上の立場を理論的な主張として吟味するのみならず、それを発する人の声と見なし、エピクロス派の「優雅さと快楽の人」、ストア派の「行動と美徳の人」、プラトン派の「観照と哲学的献身の人」、それらに疑いを挟む懐疑派の人など、さまざまな声のせめぎ合いを哲学の俎上にのせていた（本書第2章）。カヴェルの哲学は、現代社会に生きる人たちの生存の条件を踏まえて、女性、子供、高齢者などのさまざまな声に耳を傾けながら、私たちそれぞれが自分の生の条件に根ざしながら他者とともに生きる可能性を探ろうとしている（この点がカヴェルにおける「道徳」の核心をなすことは本書第14章に詳しい）。

第6章、第7章、第8章では、20世紀においてヒュームの哲学を受け継いだフッサールやその弟子のハイデガーが、経験を記述・分析する哲学を展開しており、そうした手法が英米圏のマードックやカヴェルにも見出されることを確認した。私たちの思念がいかにして現実に関わるのか、私たちがどのようにして自己への理解を深めるのか、私たちがどのようにして他者とともに生きるのかなど、認識や存在や道徳などをめぐる哲学の問題は、文学を手掛かりにすることで、人が生きる場面において具体的に考察することができる。

参考文献

池田喬『ハイデガー『存在と時間』を解き明かす』(NHKブックス、2021年)
ルートヴィヒ・ウィトゲンシュタイン『哲学探究』(鬼界彰夫訳、講談社、2020年)
ラルフ・ワルド・エマソン「アメリカの学者」『エマソン論文集 上』(酒本雅之訳、岩波文庫、1972年、113-149頁)
スタンリー・カヴェル『センス・オブ・ウォールデン』(齋藤直子訳、法政大学出版局、2005年)
——『哲学の「声」——デリダのオースティン批判論駁』(中川雄一訳、春秋社、2008年)
——『悲劇の哲学　シェイクスピアと懐疑の哲学』(中川雄一訳、春秋社、2016年)
——『道徳的完成主義　エマソン・クリプキ・ロールズ』(中川雄一訳、春秋社、2019年)
ウィリアム・シェイクスピア『新訳　リア王の悲劇』(河合祥一郎訳、角川文庫、2020年)
ジョン・スチュワート・ミル『自由論』(斉藤悦則訳、光文社古典新訳文庫、2012年)
——『女性の解放』(大内兵衛・大内節子訳、岩波文庫、1957年)
Heidegger, Martin, *Sein und Zeit*, 17. Aufl. Max Niemeyer, 1993. [ハイデガー『存在と時間』(3分冊)(原佑・渡邊二郎訳、中公クラシックス、2003年)。本文中の引用はこの邦訳からなされているが、ページ(Seite)はドイツ語原書のものを示している。『存在と時間』の邦訳は多数あるが、この訳書のように、ドイツ語原書のページが記載されているものが多い。]
Cavell, Stanley, *Must We Mean What We Say?: A Book of Essays*, Cambridge Philosophy Classics, Cambridge University Press, 2015.

9 普遍と個別
——「私」の下す道徳判断

佐藤岳詩

《目標＆ポイント》 道徳判断とは何かを理解する。特に、「～は善い／悪い」「～すべきだ／～すべきではない」といった判断について、普遍化可能性、個別性という二つの観点から検討することを通じて、道徳判断をすることが私たちにとってどのような意味を持つかを理解する。
《キーワード》 道徳判断、H. メルヴィル、R. M. ヘア、P. ウィンチ、普遍性、個別性

1. 導入：道徳判断の普遍性と個別性

第9章から第11章では、倫理や道徳の哲学を話題にしていく。初回は、道徳的な判断がテーマである。第4章ではヒュームの悪徳や正義についての語りを見たが、実際、人は日常生活を送る中で、さまざまな道徳判断を下している。それは、「人間の受精卵の遺伝子操作は認められない」などの広く社会的な判断から、「友人との待ち合わせに遅れてはならない」といった狭い範囲の身近な判断まで、多岐にわたっている。

20世紀の英米圏の道徳哲学の大きなテーマの一つは、こうした道徳判断とはいったいどのようなものなのか、ということであった。私たちはどんなときに、何の目的で、道徳判断をするのだろうか。正しい道徳判断と、誤った道徳判断の区別はどうすればつけられるのだろうか。あるいはそんな区別はないのだろうか。

1930-40年代には、道徳判断とはある種の感情や態度の表現であると考える「情緒主義」(emotivism) が流行した。その代表的な論者である、アルフレッド・エア (Alfred Ayer 1910-1989) は、道徳判断が客観的な真理や知識にかかわるという考えに懐疑的な立場をとり、道徳判断に現れる「善い」「悪い」といった語は感情を表現するものに過ぎないと主張した。たとえば「窃盗は悪いことだ」という道徳判断を下すことは、否定的な感情を表現して「窃盗！」と口にするのと同じことである。

ところで、感情や態度は、ある程度の共通の傾向をもつとしても、基本的には人それぞれのものである。同じ映画の一場面を見て、泣く人もいれば、笑う人もいる。どちらの感情も誤りとは断じがたいだろう。そのため、もし道徳判断が個人の感情や態度を表すだけのものであるなら、道徳判断もまた個人的なもの、人それぞれのものということになるだろう。極端なことを言えば、窃盗を嫌いな人と好きな人がいれば、前者は「窃盗は悪い」と言い、後者は「窃盗は善い」と言うだろう。

このとき、「私の窃盗は悪いという判断も、貴方の窃盗は善いという判断も、どちらも誤りではない」と言うことには何の矛盾もない。そこで表現されていることは「私は窃盗が嫌いだというのも、貴方は窃盗が好きだというのも、どちらも誤りではない」ということになるからだ。

しかし、そのような理解は、私たち自身が日々下している道徳判断の実情と合っているだろうか。私たちはやはり日頃から「窃盗は悪いという判断は正しい」と判断しておきながら、何か特別な事情がないにもかかわらず、同時に「窃盗は善いという判断も正しい」とも言う人には違和感を覚えないだろうか。もちろん、そのような違和感は誤りで、両判断は矛盾なくどちらも正しいものでありえるのかもしれない。そこで、本章で考えたい問題は以下のようなものとなる。

・道徳判断は人それぞれの感情表現以上のものであり得るか、あり得るとすればそれはいったい何なのか

なお、人々が現にそれぞれに違った判断を下しているという事実は、それだけでは道徳判断が人それぞれのものであることの証拠にはならない。それはある生徒が事実として2+3を4であると判断し、別の生徒が2+3を5であると判断したからといって、算数が人それぞれのものであることの証拠にはならないのと同じである。

本章は次のように進める。まずはハーマン・メルヴィルの『ビリー・バッド』という小説を取り上げる。続いて、そこで登場した事例を基にしながら、リチャード・ヘアという哲学者と、ピーター・ウィンチという哲学者が、それぞれに道徳判断とはどのようなものかについて述べた主張を確認する。そして、両者の相違や共通点を明らかにすることで、道徳判断を下すとはどのようなことか、ということを考えていきたい。

2. ハーマン・メルヴィル『ビリー・バッド』

ハーマン・メルヴィル（Herman Melville 1819-1891）は『白鯨』などで知られるアメリカの小説家だが、生前、作品はあまり評価されず、特に若い時分には家族の事業の失敗により、ひどく貧しい暮らしを余儀なくされていた。20歳頃には稼ぎ口を求めて捕鯨船や軍艦に乗るが、船上の生活もまた過酷で悲惨なものであった。そうした経験を基に、メルヴィルは社会の底辺で搾取される人々を描く作品を執筆していく。そんな彼が遺稿として残し、死後30年を経て出版されたのが、『ビリー・バッド』である。その粗筋は以下である。

写真提供　ユニフォトプレス

図9−1　メルヴィル

英国の軍艦の乗組員ビリー・バッドは強制徴用された身であったが、純朴な性格でよく働き、誰にも好かれる好青年であった。しかし、あるとき、彼を気に入らない上官クラガートが艦長ヴィアに対して、ビリーは反乱を企てている、という偽りの告発を行う。これを聞いたビリーは動揺し、生来の吃音も伴って、思わず、クラガートを殴ってしまう。不運にも打ち所が悪かったクラガートは死んでしまい、ビリーは軍法会議にかけられることになった。

状況的にはビリーは陥れられたと考えるべきである。しかし、彼は、意図的かどうかはともかく、現にクラガートを殺してしまった。軍隊では上官に逆らうこと、まして殺すことは許されざる大罪である。ここでヴィアは、道徳的なジレンマに直面する。すなわち、軍法に則ってビリーを死刑にすべきか、良心に従って死刑を免じるべきか。ここで判断を間違えると、本当に水夫たちによる反乱も起きかねない。最終的に、ヴィアは法を全うすべきだと判断し、ビリーは絞首刑に処されることになる。

艦長ヴィアはどうすべきだったのか。そして、貴方ならどう判断するだろうか。メルヴィル自身は作中で次のように記している。

ほとんど無名の作家がこう書いている。「戦いの後四十年たって、『こう戦うべきだった』と非戦闘員が理屈をつけるのは簡単なことである。だが、砲火を浴びながら個人の力で戦闘を導くのは、まったく別ものだ。……実践的かつ道徳的な考察が求められる状況、しかもすみやかな行動が必須のどんな危機的状況でもそれは同じである」(『ビリー・バッド』135 頁)

この部分から素直に読むならば、『ビリー・バッド』が示しているのは、道徳判断とはその場に置かれた者が、それぞれに下すしかないものだ、ということかもしれない。ヴィアは、ビリーを絞首刑にすべきと判断した。貴方はそう判断しないかもしれない。しかし、だからといって、貴方にヴィアの判断は誤りだった、などと言えるだろうか、と。

3. すべての道徳判断は普遍的でなくてはならない

(1) リチャード・ヘアと道徳判断の普遍化可能性

前節では、『ビリー・バッド』を参考に、道徳判断が人それぞれのものである可能性について見た。しかし、本当にそれでいいだろうか。イギリスの倫理学者リチャード・ヘア（Richard Hare 1919-2002）は、そうは考えなかった側の一人である。彼は第二次世界大戦に歩兵隊として従軍し、戦場で命の危険に身をさらしながら自身の哲学の基礎を作り上げた。終戦後、ヘアは大学に戻って研究を続け、彼の理論はそれ以降の倫理学に大きな影響を与えることになった。

さて、ヘアは、（第１節で述べた情緒主義を批判する中で）道徳判断を考えるにあたって、次のような例を挙げる。ある絵を何枚か複製し、私はそれらを順に見せられるとしよう。このとき、それらが複製されたまったく同じ絵だと知りながら、１枚目は猫を描いているが、２枚目以降に猫は描かれていないと言ったなら、私はおかしなことを言っていると思われるだろう。１枚目の絵に猫が描かれていると判断したなら、同じ絵すべてに猫が描かれていると判断しなければおかしい。

ここから一般化してヘアは次のように述べる。ある個別の対象に特定の判断を下すことは、それと同じ特徴を持ったすべての対象に同

写真提供　ユニフォトプレス

図９−２　ヘア

様の判断を下すよう、判断者を拘束する。一見、個別的なものにしか言及していない1回きりの判断であっても、同じ特徴を持ったすべてのものについての判断への言及を暗に含む。そして、道徳判断においても、それは同様である。ある状況のある人の行為を悪いと言うならば、その人と同じ状況に置かれた人の同じような行為はすべて悪いと言わなければならない。ヘアはここから、あらゆるまっとうな道徳判断はすべてのものにあてはまる形にできる、すなわち「普遍化可能である」と主張する。

(2)「私」と「貴方」

普遍化可能性を別の角度から言えば、二つの行為に異なる判断を下すのなら、二つの行為の特徴の間に何か違いがあり、それが判断の根拠となるのでなければならない。私は約束を破ってもいいが貴方は約束を破ってはならないという判断がまっとうであるためには、私が約束を破ることと、貴方が約束を破ることの間に何らかの違いがなくてはならない。

その際、どんな違いでも判断を変える根拠と認められるわけではない。たとえば、先の絵の例で言えば、絵が1枚目か、2枚目か、ということは判断を変える根拠とは認められないだろう。同様に、単なる名前や番号の違いなども根拠にはならない。たとえば、ある宿のまったく同じ間取りの二つの部屋、202号室と203号室について、202号室は悪いが、203号室は悪くないというのはおかしい。

そして、「私」と「貴方」という特徴も同様に、判断を変える根拠にはならない、とヘアは述べる。たとえば先の絵の1枚目と2枚目を私と貴方に変えてみよう。複製された2枚の絵について、私の絵は善いが、貴方の絵は悪い、というわけにはいかないだろう。

さらに、ここから、判断者の立場が入れ替わったとしても、同じ判断を下すよう拘束されるということも導かれる、とヘアは述べる。私の判断が状況の特徴を根拠として下されたものである以上、私の立場が変わっても、その状況が持つ特徴が変わらない以上は、同様の判断を下すのでなければおかしいからだ。待たされているときには、相手の時間を無駄にするという根拠で、約束を破ることは悪いことだと判断していた私が、待たせる側に変わるやいなや、約束を破ることは悪くないと言い出したら、それはおかしな判断をしていると考えられるだろう。それは、私が約束を守る立場であれ、破る立場であれ、約束を破るという行為とその状況が持つ、相手の時間を無駄にするという特徴が変わっていないにもかかわらず、私が一方的に判断を変えたからである。

簡単にまとめた上で、ビリー・バッドの事例を考えよう。ヘアによれば、道徳判断は普遍化可能なものである（以下、普遍化可能性テーゼ）。それは、判断が対象の何らかの特徴を根拠として下される以上は、個別の判断であっても、常に同じ特徴を持ったすべてのものについての判断への拘束を含むものだからである。

したがって、ヘアの考えに従うなら、もし私が今、何らかの状況の特徴（クラガートの死は事故であった、など）を根拠として、「ビリーを絞首刑にすべきではない」と判断したなら、私は「ビリーと同じ状況にあるすべての人を絞首刑にすべきではない」と判断するよう拘束されることになる。

さらに、仮にヴィアの立場に立たされるとしても、ビリーを巡る状況の特徴が変わらない以上（私がヴィアの立場に立ったからといって、クラガートの死が事故でなくなるわけではない）、私はやはり「ビリーを絞首刑にすべきではない」と言い続けなければならない。前言を翻して異なる判断を下すためには、判断を変える根拠となるような、状況の側の違いが必要だからだ。

4. 道徳判断の個別性：ピーター・ウィンチ

普遍化可能性テーゼは一見したところ説得的であり、現代の主流の倫理学理論においても支持者が多い。しかしながら、それを批判する論者たちも存在している。ここではヘアと同時代の哲学者ピーター・ウィンチ（Peter Winch 1926-1997）による議論を取り上げよう。

（1） ピーター・ウィンチと普遍化可能性テーゼ

ウィンチは、ヘアよりも少し年下のイギリスの哲学者であり、ウィトゲンシュタインの思想に強く影響を受けた倫理学や社会科学の研究で知られている。彼は海軍に所属した経験があり、18 歳からの 3 年間を駆逐艦の上で過ごしている。除隊後、オックスフォード大学を卒業し、ロンドン大学などで教鞭をとった。

ウィンチは「道徳判断の普遍化可能性」（1967）という論文で、普遍化可能性テーゼを批判したのだが、そこで取り上げたのが『ビリー・バッド』である。ウィンチは、自分がヴィアと同じ状況に直面したならどう判断しただろうかと自問した上で、「私には自分がヴィアのようにはとても行為できなかっただろうと思われる」（「道徳判断の普遍化可能性」229 頁）と答え、そのために自分にはビリーを絞首刑にすべきとは言えない、と述べる。しかし、だからといって、ヴィアの判断は誤りであったと考えているわけでもない、と彼は言う。「ビリーを絞首刑にすべきではない」という自分の判断も、「ビリーを絞首刑にすべきである」というヴィアの判断も、どちらも正しいも

写真提供　Courtesy of the University of Illinois at Urbana-Champaign Archives, image 0000931.

図 9－3　ウィンチ

のであり得る、と言うのである。

これは先の普遍化可能性テーゼに違背する。なぜなら、ウィンチの「ビリーを絞首刑にすべきではない」という判断は「誰であってもこのような状況でこのようなことをした者を絞首刑にすべきではない」という形に普遍化されるものであり、その判断は「ビリーを絞首刑にすべきである」という判断と両立しない。にもかかわらず、ヴィアの判断も自分の判断も正しいということは、ヘアに言わせれば、先の２枚の絵のケース同様、おかしなことを言うことになるからだ。

(2) 自己の発見／決断（構成）としての道徳判断

では、なぜ二つの判断は同時に正しいものであり得るのだろうか。ウィンチの考えでは、道徳判断を下すとは一種の「発見」であり、さらにそこには自分自身に関する事柄が含まれると言う。すなわち、人は道徳的ジレンマに直面したとき、熟慮を通して、「自分が何をなさなければならないか、すなわち、自分にとって道徳的に何が可能であり、何が不可能であるか」(同237頁) を発見する。その一連のプロセスが道徳判断を下すということである。

ここで「私には自分がヴィアのようにはとても行為できなかっただろうと思われる」とウィンチが述べていたことを思い返そう。ここで述べられているのは単にビリーを巡る事態の特徴ではなく、判断者であるウィンチ自身の特徴である。「ビリーを死刑にすべきではない」という判断を下すとは、「自分はビリーを死刑にできる人間ではなかったのだ」という、それまで知らなかった自分自身を発見することでもある。その意味では、ヴィアもまた、「私がなすべきことは、ビリーを死刑に処することだ」と判断することで、自分が法を曲げられない人間であることを発見しているのだ。

さらに、道徳判断が果たす役割はもう一歩先へ進む。ウィンチは「「自分が何をなすべきかを発見する」と我々が呼んでいる事柄の本質的な部分を決断が構成している」（同 232 頁）と言う。決断をすることで、私たちは実際にそのような人物になる。すなわち、「私がなすべきことは、ビリーの死刑を免じることだ」と判断することで、ウィンチは自分が無辜の人間に死刑を宣告することはできない人間であることを発見するだけでなく、実際にそのようなことができない人間になる。

ウィンチの考えでは、道徳判断を下すとは、（たとえば、道路交通法に照らして、右折してもいいかを判定する場面のように）予め与えられたルールや規準を当てはめて、行為が許されるかどうかを判定することではない。むしろ、自分がどんなルールに従える人間であるかを見出し、自分自身の在り方を決定していく、自分自身を変えていく作業である。本書第 7 章で述べられたことも思い出すなら、判断をすることは、それ自体が言葉の使い方を学ぶことでもあり、それゆえに人は道徳判断を通じて変化し、自分自身を作り上げていく。判断の前と後で、人は違った人物になる。そのため、それは常に個別的でその人だけのものである。

ウィンチの「この状況では、ビリーを死刑にすることは正しくない」という判断と、ヴィアの「この状況では、ビリーを死刑にすることは正しい」という判断は、二人がそれぞれ自分自身を発見し、作り上げていく作業である。そのために、どちらも正しいものであり得るし、普遍化可能性テーゼは妥当ではない、そうウィンチは主張する。

本節の議論を簡単にまとめておこう。ウィンチによれば、道徳判断を下すとは自分が何者であるかという発見であり、自分自身を作り上げていく決断である。そのため、私の判断と他の人の判断は、判断者が異なる以上、どちらも正しいものであり得る。したがって、普遍化可能性テーゼは誤りである。

5. ヘアとウィンチの相違から、道徳判断の普遍性と個別性を考える

(1) 原理の決断と原理の適用

ヘアとウィンチの対立はどのように理解できるだろうか。単純にどちらかが間違っていると断ずるのを避ける一つの途は、二人はそれぞれ道徳判断の別の側面について述べているのではないかと考えることである。

たとえば、ヘアは、道徳判断を含む価値判断は選択のための「勧め」「推奨」として用いられる、と主張している。たとえば「それは善い絵である」はその絵を勧めているのであり、その際に言及される構図や技法などは絵を選択するための「規準」を伝えているのである。この規準を示すものは「原理」と言われる。

ここからわかることは、ヘアは普遍化可能性に関わる道徳判断の分析を原理（規準）の適用方法の文脈から検討しているということである。私たちは道徳判断を通じて、特定の原理（規準）を状況に当てはめ、それによって聞き手に特定の行為を勧めている。私たちが為すべき行為に悩んだとき、道徳判断は、明確な規準を示すことで進むべき道をアドバイスしてくれる。これを「原理の適用」の文脈と呼ぼう。

しかし、それとは別の文脈もある。それは「原理の決断」をする場面である。ここでヘアは道徳判断を含む決断や原理の正当化について語っている。その上で、「ある決断を完全に正当化することを迫られるなら、私たちは、その決断が一部をなしている生活の在り方（the way of life）を完全に詳述しなければならない。……彼は、その生き方を受け入れるかどうかを決断しなければならない」（ヘア『道徳の言語』93-94 頁）と述べる。ここでの「決断」とは特定の原理を選び取り、それにコミットすることを指す。普遍化可能なのは原理の適用であり、原理の決断その

ものではない。原理の決断はまさに、彼自身があらゆることを考えた上で、そのような原理に従うような生き方を受け入れられるか、に存している。

このような整理に基づき、ウィンチの批判を次のように位置づけることもできるだろう。道徳判断を下すとは、原理の決断と、原理の適用という２段階に分かれている。普遍化可能性テーゼが機能するのは第２段階においてであり、第１段階では、ウィンチの言うように、普遍化可能性は無力である。それはまさに、自分自身が変わることを含む。他方で、ひとたび原理が決定され、それを適用する段階に至ったならば、私たちはその普遍化可能な原理に縛られる。

(2)「私はしない」

では、以上で、道徳判断と普遍化可能性テーゼの関係の説明は十分だろうか。そうとも言えない。実は、ウィンチは、さらに別の意味で、普遍化可能性を必要としない、道徳判断の在り方も示唆しているからだ。以下では、最後にその点について、ウィンチの著作『倫理と行為』において、「道徳判断の普遍化可能性」の後に収められた論文「道徳からみた行為者とその行為」を参照しながら、検討してみよう。

ウィンチは同論文において、原理や規則、義務を中心とした道徳行為モデルを批判する。道徳的に優れた振る舞いは、必ずしも原理を必要としない。ここでウィンチはいくつか例を取り上げるのだが、それらを通じて強調されるのは「心を奪われて」「せざるを得なかった」「選択の余地はなかった」といった言葉で言い表されるような状況での振る舞いである。子どもと遊ぶ父親や、子どもを守るために殺人を犯した平和主義者の長老は、いずれもそうした状況の中で振る舞っている。

こうした場面についてウィンチは、たとえば父親は子どもと遊ぶことが自分の義務を果たすことだと考えているのでもなければ、遊ぶべきだという原理を適用してそれに従っているわけでもない、と述べる。彼は「私は子どもと遊ぶべきだ」とか「子どもと遊ぶことは道徳的に善い」などとは決して自分の状況を記述しないだろう。彼はただ純粋に目の前の子どもに「心を奪われて」いるのである。

ここでのポイントは彼らの中で「こうした状況で「なすのが正しいこと」という概念が占める余地は全然ない、ということであり、このことは道徳を振る舞いの導きと考えることは誤りであるということを示している」（『倫理と行為』263 頁）ということにある、とウィンチは述べる。参照すべき正しい原理が先にあるわけではない。彼らは単に、自分が「する」ことをしたに過ぎないし、逆に言えば、子どもを無視する、少女を見殺しにする、といったことは端的に彼らが「しない」ことなのである。そんな選択肢は彼らには思いもよらないことであろう。そして、何が「しない」ことであり、何が「する」ことであるのかは、予め与えられているものではないし、一度の判断によって生み出され、原理と化すようなものでもない。それは彼らが日常の活動の中で少しずつ発見していくことであり、生活の中で作り上げていくことである。その意味では、私たちの日常のあらゆることが、それ自体として終わらない道徳判断の一部なのである。

普遍化可能性の議論に戻って考えよう。前節で述べたことは、道徳判断には原理の決断と、原理の適用という 2 段階があり、普遍化可能性テーゼは後者でのみ働くものとして理解できるかもしれない、ということであった。それに対して本節で示されたのは、そもそも道徳的な在り方は必ずしも原理を必要としないことがある、ということであった。特別な瞬間に原理の決断をして道徳判断を下すまでもなく、私たちの日々の活動はすべて、道徳判断の一部となっている。世界がどのように見え、

写真提供　Mary Evans/AF Archive/ユニフォトプレス

図９−４　映画『ビリー・バッド』より、絞首刑にされるビリー

何に心を奪われ、何をして何をしないのか、ということを通じて、ある人の道徳と自分自身は不断に作り上げられていく。その意味では、道徳判断とは一人の人物の人生そのものであり、まさに人それぞれである。

『ビリー・バッド』で言うならば、真理（veritas）の名を与えられ、「星ときらめく」と称されるヴィアという人物が送ってきた人生、それまでに重ねてきた経験、何が見えて何が見えないのか、そのすべてが彼の道徳判断の一部として彼を形作っているのであって、ヴィアが艦上での臨時法廷で、しかじかの事実を前にしかじかのことを述べた、ということのみから、彼の判断の是非なるものを判断することはできない。だからこそ、物語が書かれ、私たちはそれを必要とするのである。

6. まとめ

以上のことから、道徳判断にはいくつかの捉え方があることが分かった。第一に、情緒主義が述べたような、道徳判断をもっぱら感情の表現と見る捉え方があった。第二に、原理を中心とした道徳判断の捉え方があった。ここには原理をつくり出し決断する段階と、原理を現実の場面に適用する段階がある。普遍化可能性テーゼは主に、後者の段階で作用する。第三に、端的に「してしまう」「しない」といったことの積み重ねとしての道徳判断の捉え方もあった。ここでは、原理は特に役割を果たさず、そのために普遍化可能性テーゼも作用しない。

それぞれは道徳判断についての異なる捉え方であるが、ここで、そのうちのどれか一つだけが正しいと言うことは難しい。ウィンチも、原理が不要であるとか、原理の適用を一切すべきではないとは考えていない。人はときに進むべき道に悩む中で、特定の行為を推奨し、選択を導く義務としての道徳判断を必要とする。そして、ひとたび口にされた判断は普遍化可能なものとして、判断者を拘束する。そのような意味での道徳判断は、やはり人それぞれというわけにはいかないのだ。

ヘアとウィンチの論争以降も、普遍化可能性の是非は引き続き議論されていくことになる。道徳判断は普遍的でなければならないのか、道徳判断を下すとはどういうことなのか、読者の皆さんも考えてみてほしい。

参考文献

※［　］内の数字は原典の発行年を示す。

リチャード・マーヴィン・ヘア『道徳の言語』（小泉仰・大久保正健訳、勁草書房、1982［1952］）

――『自由と理性』（山内友三郎訳、理想社、1982［1963］）

ハーマン・メルヴィル『ビリー・バッド』（飯野友幸訳、光文社、2012［1924］）

ピーター・ウィンチ「道徳判断の普遍化可能性」『倫理と行為　新装版』（奥雅博・松本洋之訳、勁草書房、2009［1967］）

――「道徳からみた行為者とその行為」『倫理と行為　新装版』（奥雅博・松本洋之訳、勁草書房、2009［1968］）

10 自然とイデア
――客観的な「善」の在処を求めて

佐藤岳詩

《目標＆ポイント》 道徳的な善さとは何によって決まるのか、という問題について、イデアや自然といった観点から検討し、善とは何かということの理解を深める。それを通じて、人が道徳的に成長するとはどのようなことなのかを考える。
《キーワード》 イデア、道徳的な善さ、道徳的な成長、自然、P. フット、I. マードック、C. ディケンズ

1. 導入：道徳判断の主観性と客観性

前章では、道徳判断とは何かということを考えた。本章では、道徳判断が対象とするような道徳的な「善さ」について、そして「より善くなる」という道徳的な成長について検討する。

前章で取り上げたヘアは、道徳判断とは何かを考えるにあたって、それを感情表現と捉える情緒主義を乗り越えることを最大の目的の一つとしていた。それは、情緒主義が道徳の合理性や客観性に懐疑的であったためであった。道徳判断が各人の感情を表現するものでしかないのなら、そして感情の動きに合理性を期待できないのなら、道徳判断はもっぱら個人的で主観的、恣意的なものになってしまいかねない。そこで、ヘアは道徳判断の「普遍化可能性」を示すことなどを通じて、道徳判断が客観的で合理的であり得ることを示そうとしたのだった。

しかし、道徳判断の客観性を重んじる論者たちはヘアの説明に必ずしも納得しなかった。それは、ヘアが道徳判断は普遍化可能だが、同時に、判断者の「勧め」という要素によっても説明されるとしていたからである。あるものを勧めるかどうかは、結局、判断者の気持ち次第ではないか。それは情緒主義が主張した、道徳は「好き嫌いの表現」というのと大差ないのではないか。もちろんヘアはそれに反論しているが、本章では、そうした道徳の客観性への懐疑にどのように応えるかを考えるために、ヘアを批判した論者の主張を見てみたい。そこで、以下で考える問いは次のものである。

・道徳的な善さは客観的であり得るか、あり得るとすればそれはいったいどのようなものか

また、この問いと結びつけることで、前章の最終節で紹介したウィンチによる道徳判断の理解についても以下の形で議論を深めてみたい。

・人が道徳的により善くなる、成長するとはどのようなことか

道徳判断が何か重大な問題に直面したときにのみ下されるものではなく、生活の中で不断に構成されていくものだとすれば、そうした判断がより適切にできるようになる、道徳的に成長することはどのようなこととして理解されることになるのか。以下では、チャールズ・ディケンズ（Charles Dickens 1812-1870）の『クリスマス・キャロル』を導きの糸として、これらの問いについて考えていこう*。

＊なお、前章のメルヴィルと違って、本章で取り上げる論者らが直接ディケンズに言及しているわけではない。彼女たちに強く影響を受けたコーラ・ダイアモンドや、次章で登場するリチャード・ローティがディケンズを参照していることから、本章では『クリスマス・キャロル』をサブテキストに採用した。

2. ディケンズ『クリスマス・キャロル』

ディケンズの『クリスマス・キャロル』は、1843年に出版された中編であり、後にイギリスのクリスマスのイメージを決定したとも言われる作品である。当時のイギリスは産業革命によって都市化、工業化が進んでいたが、多くの庶民たちは後にハングリー・フォーティーズとも言われる不作、格差の急速な拡大によって、苦しい生活を送っていた。

倫理学では、ジェレミー・ベンサム（Jeremy Bentham 1748-1832）らによる功利主義の是非をめぐる議論が続いていた。ベンサムは、人間を根本的に快を求め、苦を避けるものと理解し、より多くの人の多くの量の快を目指すべしとする、「最大多数の最大幸福」を説き、その点からの社会改良の必要性を主張した。

ディケンズは、そのようなシンプルな人間観を強く批判する。「ディケンズにとって、それ［功利主義］は情よりも統計を好み、心よりも頭の方が御しやすいと見る厳格なシステムを象徴しているように思われた」（サンダース『時代の中の作家たち4　チャールズ・ディケンズ』220頁）。ディケンズは、功利主義とはまったく違った人間理解に基づいて、社会の困窮に対処しようと考えており、そうした精神が『クリスマス・キャロル』の根底にも流れている。その粗筋は以下のものである。

ロンドンに住むスクルージは守銭奴の商売人として知られていた。クリスマス・イヴでも、彼は帳簿の整理に忙しく、薄給で雇っている書記助手に対しても冷淡である。食事に招きに来た甥を追い返し、寄付を募りに来た紳士に対して

写真提供　ユニフォトプレス

図10－1　ディケンズ

も、貧しい人たちは「さっさと死ねばいい」「余分な人口が減って、世のためというものだ」と毒づく。

そんな彼は深夜、精霊に導かれて、自らの過去、現在、未来を幻視することになる。過去においては、周囲に親切にされていた少年時代の自分を思い返す。現在においては、貧しくもささやかにクリスマスを祝う助手家族、追い返された甥、彼らがスクルージの健康を願う様を見る。特に助手の家の病弱な子、タイニー・ティムの姿を見て思わず、スクルージは「タイニー・ティムは長生きするだろうか？」と問うが、精霊は冷たく「死ぬものなら、さっさと死ねばいい。余分な人口が減って、世のためというものだ」と言うばかりである。そして未来においては、孤独のうちに死を迎える老いた自分を見ることになる。

現実に戻ったスクルージはすっかり心を改め、助手の家に七面鳥を送り、紳士に寄付金を渡し、甥の招きに応じる。そうして、周囲から慕われる好人物となったのであった。

『クリスマス・キャロル』の教訓は明快に見える。金のことばかり考えて、周囲に冷たくしていると、最後には悲惨な死を迎えることになる。想像力を持って周りの人々の優しさに思いを馳せ、彼らに対する思いやりを持て。しかしながら、これだけでは、ディケンズが批判の標的としていた、（彼が理解するところの）ベンサムの人間観と大差がないようにも見える。すなわち、誰にも愛されず孤独に死ぬという苦を避けて快を得たいなら、他人に親切にせよ、という損得勘定に基づく人間観である。そのように捉えるなら、スクルージは結局、利己的なままである。

もっとも、現在編において、スクルージはティムの将来に悲痛を感じている。冷たくあしらった相手が自分の健康を祈ってくれていることに心を動かされている。そして、改心後はティムの第二の父親となり、甥家族とも親密な付き合いをするのである。そうだとすれば、スクルージは自分の悲惨な死を避けることよりも、他者についての事実の認識、特にその認識の変化によって直接的な影響を受けて、改心をしているようにも見える。私たちはスクルージの変化に何を見出すべきだろうか。

3. 自然主義

現代倫理学において、自然主義の観点から客観的な善さを説明した人物の一人にフィリッパ・フット（Phillipa Foot 1920-2010）がいる。フットは、ヘアの一つ年下にあたり、終生、ヘアとは互いを論敵として厳しい議論をぶつけ合った。以下では、彼女の著作『人間にとって善とは何か』の記述を追うことで、自然主義の主張の眼目を押さえていこう。

（1）フット：生物のライフサイクルと善

フットは善の説明を植物や動物の話から始める。植物や動物は種毎に独自の在り方とライフサイクルを持つ。それらを可能にするものという観点から、その生物種の個々の成員の評価は行われる（『人間にとって善とは何か』70頁）。たとえば、肉食動物から逃れる必要があることから、俊敏な鹿は善い鹿であり、足が遅い鹿は悪い鹿である。このような、その種の生の形式によって対象の善さは決まるという考えを、フットは自然主義と呼ぶ。ここでは、対象がどのような在り方をしているものかということ、特に何らかの環境条件と一定の時間的な幅の中でどのような仕方で存在しているか、ということに照らしてのみ善さは決定される。

フットの自然主義が批判の対象としているのは、判断者の感情や態度と結びつけられた

写真提供　ユニフォトプレス

図10－2　フット

善の理解であり、時間的な幅を考慮に入れないような理論である。典型的には、態度から善を見るモデルは、「しかじかのものは善い」という判断を、主にその判断の下し手の観点からとらえる。判断者が対象に肯定的な態度を持てば、それは善いもの、否定的な態度を持てばそれは悪いものと評価される。判断者がその瞬間にどのような態度を持っているかが、評価を決定するのであり、対象が一定の幅を持った時間を通じて存在するものであるということは必ずしも勘案されない。

これに対し、自然主義によれば、対象の善し悪しはもっぱら対象の側の特徴、しかも単にある時点で持っている特徴だけではなく、その対象が生まれ、死んでいくサイクルに照らして決定される。テーブルの上の観葉植物の葉であっても、それはその植物がどのように育ち、どのように枯れていくものなのか、その植物の成長全体の中でのある発育の段階ではどのくらいの葉が出ていることが必要か、ということから評価される。単に目の前の葉が大きいとか、緑が濃くて気に入った、人に勧めたいとか、そういうことでは、植物の善さを判断することはできない。

（2）人間の善さ

以上のように、フットは、その生物がどのように生まれ、生き、そして死んでいくのかというライフサイクル全体との関係の中で、生物の善さは決定されると主張した。人間の評価、人間や人間の行為の善さもまた、人間という種の生の形式から決められることになる。では、人間という種の生の形式とはどんなものだろうか。最初に強調しておかねばならないことは、他の多くの動植物とは違って、人間は生存や種の保存だけを目的にしたライフサイクルを**送っていない**、ということだ。

> ある特徴や働きの善さは、植物や動物の世界における善の本質が生

存と生殖にある以上、それらがその生物種の生存や生殖とどう関係するかによって概念的に決定されるのだ。「どのように」「なぜ」「なんのために」という問いはここで終わる。しかし、人間については、これが真でないことは明らかである。（同85頁）

フットの考えでは、人間はときに子を持たないという選択を行うが、これは当人にとっての最高の善とは何かという観点から決定されたものであり得る。生きることよりも幸福になることよりも、大切なことがあり得るのが人間である。それくらい人間にとっての善は多様なものだ。

それでも、その善さは人間がどのような生き物か、ということから切り離して決められないとすれば、私たちは人間の善さについて何を言えるだろうか。他の多くの動物と違って、人間は「他の仕方と比較して特定の仕方で行為することの根拠を見て取る力がある。だから、あれではなくこれをすべきだと言われると、なぜこれをすべきなのかと問うことができる」（同110頁）とフットは述べる。特に、様々な一応（prima facie）の理由、一応の「べし」を考慮して、最終的な「べし」を導き出し、それに従うこと、それを彼女は「実践的合理性」の力と呼んでいる。

たとえば、私には今、外出するかどうかを巡って様々な一応の「べし」がある。「食材が足りないから買い物に行くべき」「熱があるのだから寝ているべき」などだ。こうした一応の「べし」について考慮を巡らせ、最終的にもっとも重要で決定的な「べし」に従って外出の是非を決めること、これが人間に特有の実践的合理性を働かせることである。

ここから、たとえ個々の状況ごとに実に多様な善があるとしても、少なくとも、こうした実践的合理性に背くことは、その人間の悪さを示している、とフットは述べる。「ϕすることが唯一の合理的な行為である場合にϕしない人の行為は、まさにそれゆえに欠陥がある……彼は善く行為していないということが含意されている」（同 116 頁）のであり、逆に誰かを善い人、「有徳」な人だと評価するとき、私たちはその人がきちんと実践的に合理的に考え、為すべきことを為している人である、と言おうとしている、とフットは主張する。

ここまでの議論を簡単にまとめて、『クリスマス・キャロル』に戻ろう。フットによれば、生き物の善さは、その種に固有の生の形式、ライフサイクルによって決まる。そして人間の善さもまた同じように、人間という種の生の形式によって決まる。ただし、人間にとっての善は多様であり、評価の側面は生存や生殖に限られない。しかし、いずれにしても人は自分にとって善いものを様々に比較し、特定の理由から行動することができる。この能力は実践的合理性と呼ばれる徳にほかならず、実践的に合理的であること、有徳であることは、その人の善さを示す。

この観点から、スクルージについて見てみよう。以前の彼は、もっぱら金銭的な点からのみ、行為の善し悪しを考えていた。その結果、自分がかつてどんな人間だったかとか、自分が将来どうなるかなどということは、考慮の外であった。しかし、精霊の力で、人が生まれ、死んでいくというライフサイクルの中で自分の振る舞いを捉える視点を得る。そして、様々な理由の中から、金銭的なものだけでなく、時間を通じて自他の幸福についても、配慮できるようになり、本当の意味での実践的合理性を身に付ける、すなわち、フットの言う仕方で徳を身に付けることになる。したがって、スクルージはまさに自然主義的な観点から、人としてより善くなった、成長したと言うことができるのである。

写真提供　ユニフォトプレス

図 10－3　フットの著作

4. イデアとしての善さ

自然主義は、そのものがどのような存在であるかというところから、そのものにとっての善さという概念を引きだし、善さについて論じていく。他方で、それとはまったく別の仕方で客観的な善さについて語る方法もある。本節では、そうした別の仕方の善さの語り方として、無時間的な善さ、中でもイデアとしての善さを取り上げよう。

(1) マードック：イデアとしての善さ

イデアとしての善さを現代で擁護した人物として、第7章でも登場した、アイリス・マードックがいる*。マードックはフットの親友であり、彼女同様、ヘアらの主流の倫理学、特に善さを主観的な態度や感情と結びつける倫理学に異を唱えたが、同時にフットとはかなり違った善の理解を提示している。本節では彼女が晩年に著した*Metaphysic as a Guide to Morals*（以下、MGM）を中心に取り上げる。

まず、善の客観性を疑って善を主観的な要素からのみ捉える人々を、マードックもまた批判し、そうした人々は客観的なものとしての「事実」と、主観的なものとしての「価値」を勝手に切り離していると指摘する。特に（本書第1章から第5章で論じられたヒュームに影響を受けた）現代ヒューム主義では、事実と価値はまったく別物であり、前者から後者を導出することはできないとされる。事実は世界の側に存在するものであり、価値はそれに対して各人が自分の態度に基づいて付与するものである。

マードックは、事実と価値の峻別に反対する。その根拠は、そもそも私たちは完全に客観的な事実なるものを認識することなどできない、あ

＊なお、本章では非自然主義者としてマードックを取り上げるが、彼女は必ずしも現代の非自然主義の正統というわけではない。むしろ、非自然主義者としては、デレク・パーフィットやトマス・スキャンロンといった論者が挙げられることが多い。

るいは価値から分離された純粋な事実などない、ということにある。それを示すために、マードックはプラトンが『国家』でイデアの説明として提示した、太陽の比喩を引く（道徳にとっての比喩の重要性は本書第7章で見た通りである）。事物は、太陽の光に照らされることで、はじめて、見てとることが可能になる。ここには「見るもの（主体）」「見られるもの（客体）」ともう一つ、「見ることを可能にするもの」がある。この「見ることを可能にするもの」が善である。

意志や態度を重視する論者たちは、事実と価値を区別したときに、見られるもの（客体）としての事実それ自体のうちに価値を見出すことができず、それゆえに価値は見るもの（主体）としての行為者が付与するものに違いないと考えた。しかし、それは第三の要素を見過ごしたがゆえの短慮である。マードックの考えでは、善は選択対象の中に直接に存するのではなく、対象との関係において、超越論的に（関係を可能にするものとして）実在するものである。善は対象から独立して実在しており、世界を照らして、なすべきことを浮かび上がらせる。

要するに事実の理解を可能にする媒介が、善という価値であり、その意味で、私たちが理解するあらゆる事実には価値が染み込んでいる。善という光なくして、世界を認識することはできず、その意味で、道徳は私たちの生活すべてにかかわる。そのことはマードックの次の象徴的な言葉に表されている。「じゃあ君は一秒ごとにすべてが道徳のタグをつけられているとでも？」「大ざっぱに言えば、そうよ」（MGM p.495）。

（2）善は実在するのか

しかし、そのような善の実在はどのように保証されるのだろうか。それは対象の認識を可能にするものであって、対象自体にはならない。太陽の比喩で言えば、価値を直接見ようとすると目を傷つけてしまう。そこでマードックは、以下のような議論で善の実在を示そうとする。

私たちは日々の生活の中で様々な失敗をし、自分の至らなさを痛感する。そして次はもっとうまくやろうと考え、それを繰り返すことで少しずつ成長していく。このとき、それが失敗、不十分さとして理解できるのは、まさに、自分以外の尺度が何らかの仕方で世界の側に存在していると考えるためである。もし、そのような外部の尺度が存在せず、あらゆる価値が自分の欲求や選択から生み出されるものに過ぎないとしたら、私たちは決して成長せず、そもそも自分自身を不十分なものとみなすこともないはずである。そうしたモデルでは、私は常に価値の源泉の側であり、私自身が価値判断の対象となることはないからである。

自分たちの外側に何らかの基準があるからこそ、それに少しでも近づくことが成長として理解できる。したがって、私たちが日々の生活の中でそうした失敗と成長をするということが、リアルであると感じられるなら、それを可能にするような善もまた、リアルな（実在の）ものなのである、そうマードックは主張する（この点は本書第８章のカヴェルの完成主義の議論も思い起こされたい）。

（3）遍在する善

善の問題に戻ろう。マードックは道徳的な善と、それ以外の善を区別しない。そして、あらゆるものは善の光の下で理解される以上、あらゆることが道徳の問題となる。たとえば、彼女は次のように述べている。

> 道徳的な生活は、断続的あるいは特別なものではなく、私たちの経験の中の奇妙に分離された部分でもない。それは自分たち自身の中に見いださねばならないものである。あらゆる小さな事柄が問題なのだ、ということの証明がここではなされなければならない。

……伝統的な言葉で言えば、「神は常に私たちをみている」「私たちは朝と晩に祈るのではない、一回一回の呼吸が祈りなのだ」。(MGM p.495)

マードックの考えでは、今、私はあのときにしたこの約束を守るべきか、といった場面において急に道徳が問題となるわけではない。家具の配置や食事の仕方、人とすれ違うときの目線、お礼の言葉使い、日常のあらゆることが道徳の問題なのである。そして、そうした日常の中で、世界をより善く見られるのが、道徳的に優れていることであり、自分の都合で歪めてしか見られないのが、道徳的に劣っていることなのである。

5. フットとマードックの相違から、道徳的な善さと成長を考える

最後に、スクルージについて再び考えてみよう。フットの自然主義から考えるなら、以前のスクルージは、金銭という観点からのみ行為の善し悪しを捉えており、善さを自身のライフサイクル、時間的に幅を持った枠組みの中で捉えることに失敗していた。そのため、実践的合理性を十分に働かせることができず、自分にとって何が善いものなのかをきちんと理解していなかった。そして、その善いものへ向かう能力を発揮できていないという点で、悪しき状態にあった。

しかし、精霊の導きを通じて、彼は自分自身がどんな存在であるのかを見る。周囲の愛に恵まれていた幼少期、甥や助手の優しさをはねのける現在、たった一人で孤独に死んでいく未来。一定の時間の中で生き、死ぬ者としての自

写真提供　ユニフォトプレス

図 10－4　スクルージの元に現れた亡霊

分が何者であるのかの理解を通じて、彼はこの世界の内で生きる者としての自分にとって本当に必要なもの、真に自分にとって善いものが何であるのかに気づく。それは、周囲との血の通った交流であり、弱き者たちの幸福であった。それに気づいた後は、今度はどうすればそれを手に入れることができるか、考え、実際に実践する。他人の苦しみを我がこととして引き受け、それを取り除くために私財をなげうつ。これは、彼が実践的合理性、すなわち徳を身に付けた善き人となったことを意味する。

それに対し、マードックからすると、もっとも重要な点は、スクルージの世界の見方が変わったことにある。精霊に会う前でも後でも、スクルージは甥家族、助手家族のクリスマスの有様を心の中で思い描いている。しかし、その内容は決定的に違っている。それは、自分勝手な幻想の中にあった人が、真実の世界を想像するようになったということである。マードックにとって、善とは対象の認識を可能にするものであった。すなわち、対象を誠実に見つめ想像することが、その善に反応することであり、自分の都合で勝手に幻想を抱くことが善に反することである。

> エゴイストは狭い道徳的世界を持っているが、より善い人はより大きくより複雑な世界を持っている。しかし、ある意味で、善き人の世界はシンプルであるとも付け加えられねばならない。単純というのは、彼は疑いや反省なしに正しいものを見ることができるということであり、大きいというのはエゴイスティックではないがゆえに、人生のより多くを見ることができるということである。彼は川や山を川や山として本当に見ることができる。（MGM p.325）

スクルージははじめて、甥家族の窮状を窮状として、善意を善意として見ることができるようになったのであり、それこそが彼の成長である。

このようにフットとマードックの主張を対比すると、次のことが分かってくる。まず、両者はともに事実と価値の峻別に反対する。しかし、事実と価値の結びつき方については、考えを異にしている。フットの考えでは、私たちがどのような存在であるか、という事実から、私たちにとっての善が定まる。スクルージは自分についての事実の理解を深めることで、自分のなすべきことを理解し、それに向かって突き動かされる。他方、マードックの考えでは、そもそも事実は価値を通してしか見ることができない。事実によって価値が定まるのではなく、価値を通して事実は理解されるのである。その意味で、善さは存在の在り方に先行している。スクルージはエゴイスティックな自己への固執を捨ててより善に近づくことによって、よりよく世界と事実を見られるようになるのである。

6. まとめ

本章の問題は、道徳的な善さとはどのようなものか、ということであった。ここまで見てきたように、三つの候補がある。第一に、判断者の感情、態度などと結びつけられる善。第二に、対象のライフサイクルから判定される善。第三に、対象の理解を可能にするイデアとしての善。

フットとマードックはともに道徳の客観性を重んじる立場から第一の捉え方に反対する。態度や感情と結びつけられた善は、判断者の態度次第で変化してしまい、道徳判断も最終的に人それぞれのものになってしまう。二人の考え方は、そのような善の理解を拒否する。しかし、同時に、両者はまったく別の仕方で善を説明している。特に、善の在処の違いは明確であり、両者は相容れない主張をしているように見える。

とはいえ、道徳的な成長という観点から考えるならば、両者は相補的なものであると考えることもできる。単に自分だけでなく、自分も含む「私たち」がどういう存在なのかという理解を深めることは、世界をよりよく見る仕方を私たちに教え、また、よりよく見る仕方を身に付けることで、私たち自身をより深く理解できるようになる。そうしたことをひっくるめて、私たちは道徳的に成長すると言えるのかもしれない。

善をめぐる議論は、未だ、発展途上であり、感情や態度から道徳を捉える側の反発も根強い。多くの論者は、道徳を自然のような変えようがないものに基礎づけることを批判し、また、イデアのような現代の科学的な世界観と合わないものを導入することを問題視する。では、スクルージはどのような意味で、より善くなったのか。人が道徳的に成長するとはどのようなことなのか。読者の皆さんも考えてみてほしい。

参考文献

※[　] 内の数字は原典の発行年を示す。

チャールズ・ディケンズ『クリスマス・キャロル』（池央耿訳、光文社古典新訳文庫、2006［1843］）

フィリッパ・フット『人間にとって善とは何か』（高橋久一郎監訳、筑摩書房、2014［2001］）

Iris Murdock, *Metaphysic as a Guide to Morals*, Penguin Books, 1992.

アンドリュー・サンダース『時代の中の作家たち4　チャールズ・ディケンズ』（田村真奈美訳、彩流社、2015［2003］）

11 偶然性と必然性
――他の仕方でもあり得た「世界」

佐藤岳詩

《目標＆ポイント》 偶然性と必然性の対比を通して、私たちは善や真理をめぐる二つの考え方を理解し、どのようにそれと向き合うべきかを考える。
《キーワード》 真理、善、偶然性と必然性、R. ローティ、B. ウィリアムズ、G. オーウェル

1. 導入：道徳と真理の捉え方

前章では、善の様々な捉え方について見た。フットやマードックは、それぞれの仕方で、私たちにとって共通で確実な指標となるものを基に、私たちの在り方を語ろうとした。それに対し、本章でとりあげる論者は、そのような確実なものを目指すことの意義を問う。

たとえば、アメリカの哲学者リチャード・ローティ（Richard Rorty 1931-2007）はそのような確実なものの存在を疑う。正しい道を照らし出すきらめく星のような真理は存在せず、最善を尽くしてもなお、世界から認められないどころか、ひどい結果を招くかもしれない。しかし、必然的に正しい道筋や在り方などは存在しないことを認めつつ、それでもすべてを諦めるのではなく、少しでも善い方に進もうとする矛盾した態度、アイロニカルな態度こそ道徳の基礎となるべきだ、とローティは述べる（アイロニーについては、本書第13章で詳しく扱う）。

ローティの主張は正しいだろうか。本章ではこうした輝く星としての真理について、特に必然性や偶然性という観点から問うてみたい。

・世界や私たちについての真理は必然的であり得るか、そうであるとすれば、あるいはないとすれば、私たちはそれにどう向き合うべきか

本章では、ローティがしばしば言及するジョージ・オーウェルの文章を題材としながら、この問題について検討し、真理へ向ける態度はどうあるべきかを考えてみよう。

2. オーウェル『1984年』

ジョージ・オーウェル（George Orwell 1903-1950）は『動物農場』『1984年』などの小説で知られるイギリスの文筆家であり、「絞首刑」「象を撃つ」「スペイン内戦回顧」など、倫理学においてもしばしば言及されるような優れたエッセイも多く残している。

オーウェルは若い頃にイギリスの植民地だったビルマで警察官として帝国主義支配に加担したという苦い経験を持つ。帰国後はスペイン内戦に義勇兵として参加した他、社会の最底辺に生きる労働者の生活に密着して取材を行うなど、一貫して社会正義のために筆を執った。帝国主義や全体主義、差別主義に対して常に抗議しつつ、同時にそれに立ち向かうことの難しさを正面から受け止め、自身がディケンズの物語に見出した「普通の人のまっとうさ」（decency）に、人間社会の希望を託した人物である。代表作の『1984年』は1949年に出版された小説である。冷戦中は主に反共産主義の著作として、

写真提供　ユニフォトプレス

図11－1　オーウェル

現代では反全体主義・反ファシズムのディストピア小説として、広く読まれている。その粗筋は以下のものである。

物語の主人公ウィンストンの生きる社会は、誰も見たことのないビッグ・ブラザーを頂点とする「党」によって支配されている。ウィンストンは新聞記事を書き直すことなどを通じ、党の正統性が示されるように歴史を改ざんする仕事を行っているが、そうした党のやり方に疑念を抱いている。そして、ジュリアという女性との出会いを通してその疑念を強めていき、ついには彼が同志と見込んだ党の幹部オブライエンに接近し、ビッグ・ブラザーへの決定的な反抗を企てる。

しかし、反抗は露見し、ウィンストンはジュリアとともに逮捕される。その後、オブライエンによる、ウィンストンへの拷問が行われる。苛烈な拷問の末に、ウィンストンはジュリアを裏切り、自分が信じる客観的真理を手放す。代わりに、オブライエンの言うとおりのことを受容し、ビッグ・ブラザーを心から愛している自分を見出すのだった。

この作品において重要な要素の一つは真実・真理（truth）である。ウィンストンは党の真理省という部門で、歴史的「真理」を党に都合のよいように書き換えている。彼は自分が党の隠蔽する「真理」に気づいた、と信じて、党への反抗を企てる。しかし、最終的に、拷問を通じて、何であれ党が提示するものこそ「真理」であると心底信じるようになる。

なぜ真理がとりわけ重要なものとされるのか。それは真理が全体主義との攻防においてとりわけ重要だとオーウェルがみなしたからである。全体主義は自分たちに都合の良いこと、人々の耳に心地よいことを事実だと語り、人々は一様にそれを信じてしまう。そこに爆弾を超える恐怖を感じる、とオーウェルは語る。真理の存在こそ、全体主義に抗する最後の砦なのだ。しかしながら、先に言及したローティは、まさにオーウェルを引用しながらも逆に真理にこだわることの無益さを論じる。なぜそうなるのか。以下では、ローティの主張について概観してみよう。

3. プラグマティズムと真理：リチャード・ローティ

ローティは、アメリカを代表する思想のプラグマティズムに名を連ねる哲学者の一人である。とはいえ、ローティは彼以前のプラグマティストたちよりもずっと、真理に対して辛辣な態度をとる。オーウェルは全体主義に抵抗するためには、全体主義国家の支配が広まったとしても、なお、真理が「私たちには見えない背後では存在し続ける」必要があると述べたが、ローティはそんなことは期待できないと明言する。

(1) 真理という言葉

なぜそうなのかを理解するためには、まず真理とは何かを理解する必要がある。ローティの考えでは、真理とはあくまで私たちが何かを記述する際に使われる「言葉」である。世界の何らかの有りようを指して、私たちは「猫が2匹いる」などと言い、それが真理だとか偽りだとか言う。言葉としての真理は世界そのものとは違う。では、私たちは何のために真理という言葉を使うのだろうか。ローティは、真理という言葉は私たちの探究の終わりを告げるためのものである、と言う。何かが真理であると判明したならば、そこで私たちは探究をやめる。発見された真理以外はすべて偽りであり、真理は他のすべてを黙らせる力を持つ。「猫が2匹いる」という言葉が真理だとされたなら、「1匹は犬では？」とか「3匹では？」といったそれ以上の問い

写真提供　ユニフォトプレス

図 11－2　ローティ

かけはなされない。

しかし、ローティは、そのような探求の終了こそ、避けられねばならないと主張する。なぜなら、実際には私たちが真理を発見する瞬間などなく、真理に到達したという確信は常に傲慢さをともなうからである。むしろ探究に終わりなどないことを認め、いつまでも自分の言葉を疑い続けること。自分の立場が暫定的なものに過ぎないことを意識しながら、常に少しでもうまくいくものを目指して、他者の言葉に耳を傾けていくこと。続けることこそが、何よりも重要であるとローティは強調する。

(2) 真理の偶然性

このような基本的立場をとった上で、ローティがオーウェルを語るときにしばしば言及するのは、真理と言われるものの偶然性である。まず、ローティは、オーウェルの作品が従来、道徳的真理の存在を擁護するものとして読まれてきたことを認める。実際、多くの人は、『1984年』を読めば、こんな全体主義社会は間違っている、拷問はあってはならない、それは道徳的な真理だ、と言いたくなるだろう。

しかし、ローティはあくまでそのような真理は実在しないという立場から、オーウェルの行ったことは何らかの真理を示すことではなく、「起こるかもしれないこと、あるいはすでに起こっていることを描き直すことだったと考えた方がより適切である。それは実在と比べられる事柄ではなく、同じ出来事の別様の記述と比べられる事柄なのである」(『偶然性・アイロニー・連帯』359頁)と主張する。

つまり、世界が今、このようであるのは必然的なことではなく、まったくの偶然である。世界はまったく別様であったかもしれない。『1984年』はそのことを私たちに突きつける。オーウェルが示したのは、単に、党やオブライエンは間違っている、ということではない。ローティに言わせれば、オーウェルは「オブライエンを端的に危険なもの、しかも同時に可能なものとして見ているのである」(同 365 頁)。

重要なのは「可能なもの」という箇所である。民主主義社会も、全体主義社会も、どちらかが絶対的に正しく、必然的に生じるのではなく、どちらもがたまたま生じうる。結局のところ、ローティに言わせれば、道徳的真理などないのだから、それに照らして社会の優劣を決めることなどできないし、最後には民主主義が必ず勝つはずだ、などということは言えない。「私はいかなる明瞭な道徳的事実も世界の「そこに」在るとは思わないし、言語から独立したいかなる真理も、それに立脚して、拷問と優しさのどちらかが他に優る者であるかを論じることのできるいかなる中立的な基盤も存在するとは思わない」(同 359 頁)。世界はいつでもオブライエンを生み出し得るし、少なくとも真理という言葉を頼りに、私たちの行くべき道を探すことはできない。

(3) 残酷さを避けること

では、どうすればいいのか。「私たちはいま私たちがいるところから出発する以外にない」(同 410 頁) とローティは述べる。ここでの「私たち」が意味するのは、リベラルでアイロニカルな人々のことであり、リベラルとは「残酷さこそ私たちがなしうる最悪のことだと考える人々」(同 5 頁)、アイロニストとは「自分にとって最も重要な信念や欲求の偶然性に直面する類いの人物」(同) である。つまり、世界の多様な在り方を受け入れる自由を認めながらも、自他を苦しめ、辱め、傷つけるような残酷な振る舞いだけは避けるべきであると考え、同時にそのような考えすらも絶対に正しいものではなく、自分が偶然に有するものだと認めるのがリベラル・アイロニストである。

彼らが目指すのは、人が人に対してなす残酷さを減らすことであり、全体主義社会はそのような目的に反する。それゆえに、そのような社会に抵抗しなければならない。だが、そうすることに絶対の根拠は存在しない。「リベラル・アイロニストにとって、「なぜ残酷であってはならないのか」という問いに対する答えなどない」(同)。

では、そのように自分たちを正当化する根拠のない中で、オブライエンを生まないためにはどうすればいいのか。ローティは、真理ではなく「想像力」こそ重要だと言う。「この目標は［真理の］探求によってではなく想像力によって、達成されるべきなのである。連帯は、反省によって発見されるのではなく、創造されるのだ。私たちが、僻遠の他者の苦痛や屈辱に対して、その詳細な細部にまで自らの感性を拡張することによって、連帯は創造される」(同)。この想像力を培うために必要なのが、ディケンズやオーウェルら、心ある人々が残した作品なのである。

オブライエンはウィンストンに苦痛と屈辱を与え、その心を壊した。ウィンストンはもはや、自分が何者であるかを語ることができない。それはこのうえなく残酷なことであり、そうした残酷な社会の可能性を目にしたことで、私たちはそれに抵抗する気持ちを新たにする。そうして「今ここ」からやっていくしかない、とローティは述べるのである。

4. バーナード・ウィリアムズ

ローティの考えの説得力を検討するために、本節では、ローティと共通する要素を多く持ちながら、なお彼とは袂を分かったイギリスの哲学者、バーナード・ウィリアムズ（Bernard Williams 1929-2003）の考えについて見てみたい。ウィリアムズはヘア、フット、マードックらのもとで学び、後に20世紀を代表する哲学者の一人とも称された人物で、ローティもその研究にはたびたび敬意を示している。

写真提供　ユニフォトプレス

図 11－3　ウィリアムズ

写真提供　ユニフォトプレス

図 11－4　ウィリアムズの著作

(1) ウィリアムズとローティの共通点

まず、ウィリアムズとローティが共有する考えから見ていこう。ウィリアムズは、あらゆる倫理の問題を基礎から解決してくれるような何かが私たちの外部、世界のどこかにある、と考えることはできないと述べて、「今ここ」から倫理を始める。倫理的価値の究極的な支えは、それぞれの行為主体が有する、何らかのものを善い、悪いとみなす観点としての性向（disposition）である（『生き方について哲学は何が言えるか』112-115 頁）。とはいえ、ウィリアムズはここで単なる主観主義、人間中心主義を主張しようとしているわけではない。むしろ、彼が強調しているのは、私たちは自分の観点の内側から、様々なものの価値を見て取るしかなく、そこを離れることはできない、ということである。

また、この性向とは、私たちの人となりを表すものであり、それに基づいて自分の歩むべき人生を理解するようなものである。そのような自己理解は、個々人の基底的プロジェクトとも呼ばれており、これが損なわれることは自分が自分自身であるという感覚、全一性（integrity）の感覚が喪われることを意味する。ローティは、まさにオブライエンは拷問を通じてウィンストンのプロジェクトを破壊したと考えている。

(2) 二つの必然性

さて、ウィリアムズは、いくつかの論文で、道徳的行為者の評価が運に影響されることを指摘している（運を中心とした倫理学の研究としては古田徹也『不道徳的倫理学講義：人生にとって運とは何か』を参照)。しかし、彼は必然性という概念が全面的に捨て去られるべきものとは考えない点で、ローティとは袂を分かつ。以下、彼の *Shame and Necessity*（以下、SN）という著作に即してその点を見ていこう。

ウィリアムズは、同著で、古代ギリシアの倫理では、重要な必然性が二つあったと述べる。行為者にとって外的なものと内的なものである。外的な必然性は典型的には神のような超自然的なものによって生じる必然性である。たとえば神を侮辱したならば、その者は必然的にその報いを受ける。トロイア戦争に向かう途中、ギリシアの総大将アガメムノンは、軽口を叩いて女神アルテミスを怒らせた報いとして、進軍を阻まれてしまうが、これは彼の行動の結果として必然的に生じた出来事である。

ウィリアムズは、こうした超自然的な必然性が現代においてそのまま受け入れられると言うわけではない（ただ、この意味での必然性の捉え方からは、世界は人間には理解不可能な仕方で、私たちの価値ある重要なもの、個人のプロジェクトを破壊し得るということを学び得る、と彼は述べる。世界を十全に理解すれば、人間の生活も十全に理解できる、などということはないということだ)。現代社会に生きる私たちにとって、重要なのはもう一つの必然性なので、そちらの説明にうつろう。

神を侮辱した故に何らかの報いを受ける者がそれを解除するためには、相応の犠牲を払う必要がある。これもある種の超自然的必然性である。犠牲を払わずに報いを回避する方法はない。アガメムノンは「娘を生け贄に捧げよ」という神託を得る。ここで彼は自分が何者であるか、に向き合い、一定の自己理解、すなわち自分が一定のアイデンティティやプロジェクトを持っていると気づく。それはギリシア軍の総大将であり、豪胆で、勇猛で云々というものかもしれない。いずれにしても、彼はそうした自分自身の理解から、「自分には娘を生け贄に捧げないという選択肢は存在しない、すなわち自分は娘を生け贄に捧げなければならない」と悟る。これがもう一つの必然性、内的な必然性である。

ここでのアイデンティティとは、「ある特定の社会状況の中に生きることができる何者かとしての彼の自分についての感覚」(SN p.101) であり、「自分が何者であり、何になることを望むのか」という理解である。これはしばしば恥の感覚を通じて捉えられる。もしこの行為をしたなら、私は深く恥じ入り、二度と人生を主体的に生きられないのではないか。あるいは、どのような自分であれば恥じるところなく生きられるか。恥を中心とした問いかけは、自己のアイデンティティを形成する。

一度確固たるアイデンティティを形成したならば、人は自分自身の観点の内側から、「特定の仕方で振る舞うことを必然として、特定のことを為さねばならないという確信として、経験する」(SN p.103)。このとき、行為者は必然性を単に自分にとってのもの、内的な必然性としてではなく、世界における非個人的なもの、客観的事実としての必然性として経験する。アガメムノンの観点からすると、「娘を生け贄に捧げなければならない」こと、実際に娘を生け贄に捧げることは、個人の力では回避不可能なことであり、非個人的に必然的なことなのである。

外的な超自然的必然性と違って、内的必然性については現代の私たちにもある程度理解できる。それは、私たちが恥やアイデンティティの感覚をある程度、共有しているからである。もちろん、外側から見れば、それらの感覚は社会的な偶然によって構築されたものともみなされよう。しかし、その感覚を生きる人の観点の内側から見ると、ある種の事柄は必然的なものとして理解されるし、それが偶然的とみなされるということは、本当はその事柄が私自身とは関係を持たないと示されること、すなわちアイデンティティの否定となり得てしまうのである。

(3) ウィリアムズとウィンストン

こう見ると、オブライエンの拷問にも違った側面が見いだされる。ウィンストンはジュリアを裏切ったことによって、自己の否定に至った。この点は、ローティもウィリアムズも共通に認める。しかし、なぜ、その裏切りが、ウィンストンの心を決定的にくじいたのか。それは「裏切りという選択肢は存在しない、自分が自分である以上、裏切ることはあり得ない」ということがウィンストンの内的観点において必然的な事柄だったからである。だからこそ、その必然性の否定は、彼の自己理解を破壊し、世界とのつながりを断ち、彼を完膚なきまでに打ちのめした。

仮にローティが勧めるように、私たちもウィンストンもアイロニストとなり、彼のあり方も真理も偶然的なものと理解していたとしよう。だとすれば、ウィンストンが自分のこれまでの在り方に反することを言ったとしても、それは単にある偶然的な自己理解から別の偶然的な自己理解に至っただけである。しかし、ウィリアムズの考えから言うならば、自己とはそのような仕方で捉えられるようなものではない。ウィンストンに起きたことが悲劇に見えるのは、私たちが自己と世界を必然性を通して理解しているからなのである。

5. ローティとウィリアムズの相違から、偶然性と必然性を考える

ローティとウィリアムズはともに、私たちの探究が、どこでもないと

ころではなく、「今、ここにいる私」の観点から始められねばならない、とする点では共通している。しかし、ウィリアムズの側からすると、ローティは世界の偶然性を重視するあまり、外的な必然性と、内的な必然性を一緒くたにして捨て去ってしまった。私たちは、自分自身と、自分自身が生きる世界を理解する際、必然性という観点を必要とする。

しかし、内的な必然性が打ち破られることはすべて悲劇なのだろうか。たとえば、前章の『クリスマス・キャロル』のスクルージを思い出してみてほしい。見方によっては、彼は精霊に自己の内的必然性を打ち破られている。貧者に寄付をして、親戚とクリスマスをともに祝うなどという選択肢は彼にとってあり得ない選択肢だったはずだ。

オブライエンと精霊、ウィンストンとスクルージは何が違っているのだろうか。ローティの側から言えば、それぞれの間に本質的な違いはない。私たち一人ひとりは誰しも、偶然に、かつてのスクルージかもしれないし、拷問後のウィンストンになるかもしれない、あるいはオブライエンにすらなるかもしれない。一歩間違えば、私たちはそのように残酷さを生み出すことに加担し、また残酷さの犠牲になる。私たちはそのような薄氷の上に立っているからこそ、互いを慈しみ、少しでも残酷さを減らそうとするのでなければならない。このように見るなら、ローティの側にも説得力がある。

他方で、ウィリアムズの立場からすると、彼らの間には決定的な違いがある。この点を理解するためには、さらに「真理」に向ける態度について考えてみる必要がある。ウィリアムズは *Truth and Truthfulness* という著作で、真理に向ける特定の態度の重要性を論じている。そこで彼は、ローティらのような「通常は私たちの人生において重要とみなされるような真理についてのなにがしか（たとえば、極端にいえば、その存在）を否定する」（*Truth and Truthfulness* p.5）人々を、真理の「否定者」と呼ぶ。否定者に抗して、誠実に真理を知ろうと欲すること、真理を正確に誰かに伝えようとする態度は「真理の徳」と呼ばれる。これらを通じて自分に都合の良い空想を排除し、自他にとって信頼に足る存在となることは、人が基本的なニーズを満たし、様々なプロジェクトにかかわっていくために必須のものである。したがって、真理の徳は、人が生きていく上で、欠かすことができない。

このことを踏まえると、ウィリアムズの立場からはスクルージとウィンストンの違いは次のように説明できる。彼らはともに、かつての自分が生きた必然性を否定し、別の自分を生きることとなった。しかし、スクルージが精霊とともにたどったのは、真理を探究する道である。そこで彼は自分が見ないことにしていた、目をそらしていた真理に気づくことで、新たなアイデンティティ、自分が何者かという理解を再構築することができた。そこにはずっとスクルージとともにあり続け、彼を許してくれていた周囲の理解もあった。

他方、オブライエンの拷問は、ウィンストンに真理への道を示すどころか、「真なる信念を覆した。空想と実在の区別を取り消すことで、被害者と世界のつながりをもろともに破壊するために」(同 p.148)。空想と現実の区別を失い、真理への道を閉ざされたウィンストンは、もはや信じるものを持てず、自分が何者かという物語を自らの力で再構築することができない。彼はただビッグ・ブラザーの愛にすがるしかない。

写真提供　ユニフォトプレス

図 11－5　1956 年に映画化された『1984 年』の一場面

6. まとめ

以上見てきたように、ローティとウィリアムズはともに、ウィンストンに起きたことを、避けられるべきことだと見なすものの、その根拠は異なる。とはいえ、前章までの議論と同様、ここでも両者は完全に対立するものというわけではない。私たちは多くの場合、自分の日常を必然性のもとで捉え、真理を求めて生きている。他方、何らかの非日常的な事柄が生じたとき、どうしてこんな目に遭うのか、わけが分からない、私たちはそのように言いたくなる。そのとき、私たちは自分の日常が極めて脆く、冷酷な偶然性の上に成り立っていたことを思い知らされる。

しかし、私たちは世界や自分自身が偶然的なものだ、と理解する中で、再び、自分自身についての物語を紡ぎ始める。偶然的に与えられた自己についての必然的な物語を語ることで、再び日常を取り戻すのだ。もちろん、その物語は再び、揺らぎうる。しかし、その繰り返しを生きるのが、フットの言い方を借りれば、人に特有の自然、ライフサイクルなのであり、自分をごまかすことなくその事実と向き合うのが、マードックの求める態度である。皆さんも、自分にとって必然的なもの、そのことの偶然性について、考えてみてほしい。

最後に、第9章から第11章について簡単にまとめておこう。第9章では道徳判断について論じた。ここでは、「普遍性」に注目しながら、道徳判断が、単に自分が言葉にしたものへの自己拘束だけでなく、それを通じて自分自身を形成していくという役割を担い得ることを確認した。後者の考えは、道徳を時間的に幅を持った仕方で捉える可能性を開く。

それを踏まえて、第10章では「善さ」が何によってもたらされるかを論じることで、人はどのようにして道徳的に成長するのかを検討した。

フットは人間の善さは人生全体の時間の中で捉える必要があることを示した。マードックは、生活の中でそうした人間の善さを見てとれるようになっていくことが、道徳的な成長であるとした。

こうした時間の流れの中で自己を捉えることをさらに展開し、本章では「必然性」を鍵として、真理への態度について述べた。「そうではなかったかもしれない」「そうでなければならない」。どちらも私たちに必要なもので、それらを往還しながら、私たちは日々を暮らしていく。

一連の議論を深めるに当たって、文学は重要な意義を持っていた。小説のページを繰ることで、私たちは登場人物とともに時間の流れを経験し、彼・彼女らの世界の見方を覗かせてもらう。そこに自分を重ねることで、あり得たかもしれない可能性に想いを馳せる。それらの経験を自分の現実に持ち帰ることで、自分や身の回りの人の未来、可能性を想像する。それらによって、私たちは道徳的に成長するのではないだろうか。

参考文献

※[　] 内の数字は原典の発行年を示す。

ジョージ・オーウェル『1984 年』(高橋和久訳、ハヤカワ epi 文庫、2009 [1949])

リチャード・ローティ『偶然性・アイロニー・連帯　リベラル・ユートピアの可能性』(齋藤純一・山岡竜一・大川正彦訳、岩波書店、2000 [1989])

――「ロマン主義的多神教としてのプラグマティズム」『文化政治としての哲学』(冨田恭彦・戸田剛文訳、岩波書店、2011 [1998])

バーナード・ウィリアムズ『生き方について哲学は何が言えるか』(森際康友・下川潔訳、ちくま学芸文庫、2020 [1985])

Bernard Williams, *Shame and Necessity*, University of California Press, 1993.

――, *Truth and Truthfulness*, Princeton University Press, 2002.

12 人生の意味への懐疑
――不条理とアイロニー

古田徹也

《目標＆ポイント》 私たちは生きていくうえで、ほとんど不可避的に、人生の意味に疑いを抱く。この種の懐疑にどう向き合うことができるのかをめぐって、シーシュポスの神話をめぐる九鬼周造、カミュ、ネーゲルの議論をたどり、また、この問題に関連する中島敦の小説も参照しながら、〈アイロニーが織り込まれた真剣さ〉という向き合い方の内実を理解する。
《キーワード》 不条理、反抗、ヒロイズム、誠実さ、アイロニー、宇宙的観点、永遠の相、ホメロス、九鬼周造、カミュ、ネーゲル、中島敦

1. シーシュポスの神話

人はときに、生きることそのものに疑いを抱く。人は何のために生きるのか。勉強をして、仕事をして、日々の生活を送って、それで何になるのか。本当は、人生に意味なんて無いのではないか。――古来ヨーロッパに伝わるいわゆる「シーシュポスの神話」は、しばしば、無意味な生のアレゴリーとして機能してきた。

シーシュポスの神話は、たとえばホメロス（前８世紀頃）の作と伝えられる『オデュッセイア』に登場する。古代ギリシア最古の文学作品のひとつであるこの叙事詩において、神を欺いたシーシュポスは、冥府で次のような罰を受けていると語られる。

> 巨大な岩を両の手で押し上げつつ、無残な責苦に遭っているシーシュポスの姿も見た。岩に手をかけ足を踏ん張って、岩を小山の頂上めがけて押し上げてゆく。しかし漸くにして頂上を越えんとする時、重みが岩を押上戻し、無情の岩は再び平地へ転げ落ちる。彼は力をふりしぼって再び岩を押すが、その全身から汗が流れ落ち、頭の辺りから砂埃が舞い上る。(『オデュッセイア』11.593-600)

シーシュポスは、岩を山頂に運び上げなければならない。しかし、この課題は決して達成されない。彼は同じことを永遠に繰り返さなければならない。なんと理不尽な、酷い罰だろうか。日本の「賽の河原」の言い伝えにも通じるこのエピソードは、西洋において、果てしない徒労の象徴ともなっている。実際、たとえば英語の形容詞“Sisyphean”は、文字通りには「シーシュポスの」という意味だが、「際限なく徒労を繰り返すだけの、どこまでも無駄な」という意味も有しているのである。

古来、シーシュポスの神話は、絵画をはじめとする芸術のテーマとなり続けてきたほか、洋の東西を問わず、哲学的思索を喚起してきた。たとえば、日本を代表する哲学者のひとり九鬼周造（1888-1941）は、1928

写真提供　ユニフォトプレス（3点とも）

図 12-1　シーシュポス［左からティツィアーノ（1488-1576）プラド美術館所蔵、アントニオ・ザンキ（1631-1722）マウリッツハイス美術館所蔵、フランツ・フォン・シュトゥック（1863-1928）所在不明］

年８月にパリ近郊ポンティニーにおいてフランス語で講演を行い、この神話に対する独特な解釈を示している。

> いつも皮相的と見えるのは、ギリシア人たちがシシュフォス［＝シーシュポス］の神話の中に劫罰を見たことである。シシュフォスが岩塊を頂上近くまで転がしていくと、岩は再び落ちてしまう。そしてかれはこれを永遠に繰り返す。このことの中に不幸があるだろうか。罰があるだろうか。私は納得しない。私は信じない。すべてはシシュフォスの主観的態度に懸かっている。かれの善意志、つねに繰り返そうとし、つねに岩を転がそうとする確固とした意志は、この繰り返しそのものの中に全道徳を、したがってかれのすべての幸福を見出すのである。シシュフォスは不満足を永遠に繰り返すことができるゆえに幸福でなければならない。これは道徳的感情によって夢中になっている人間なのである。かれは地獄の中にいるのではなく、天国にいるのである。すべてはシシュフォスの主観的見地に依存する。敢えて一つの例を挙げよう。五年前東京の大半を破壊した大地震の直後、われわれは東京に地下鉄の建設を始めた。私はそのときヨーロッパにいた。私は尋ねられた。「ほぼ百年毎に周期的にやってくる大地震でつねに新たに破壊されるように運命づけられている地下鉄を、なぜあなたがたは建設するのか」と。私は答えた。「われわれにとっての関心は、企てそのものであって目的ではない。われわれは地下鉄を建設しようとしているが、地震はそれを破壊するであろう。しかしわれわれは新たにそれを建設しようとする。新たな地震がまたしてもそれを破壊するであろう。しかり、われわれはつねに新たに始めるだろう。われわれが評価するのは意志そのもの、自己の固有の完成を求める意志なのである」と。（九鬼「時間の観念と東洋における時間の反復」23-24 頁）

ここで九鬼は、永遠に繰り返される時間という「輪廻」に立ち向かうシーシュポスの意志に、その「意志の永遠の繰り返し」（同22頁）に、最高善と幸福とを見ようとしている。そしてその姿に、1923年の関東大震災の直後に地下鉄の建設を始めた人々――しかも、やがてまた大地震が起こることを知りつつそれを始めた人々――の姿を重ね合わせている。企てが達成されて完了するかどうかではなく、企てそのものに関心を集中させるような、そうした「自己の固有の完成のみを気にかけるような意志」（同頁）の繰り返し、すなわち、「つねに「幻滅」に運命づけられている無限の善意志」（同23頁）こそを、九鬼は称揚するのである。

写真提供　朝日新聞社/ユニフォトプレス

図12－2　九鬼周造

2. 不条理と反抗――カミュの場合

こうした九鬼の思想の変奏と呼びうるのが、シーシュポスの神話について現代の作家アルベール・カミュ（Albert Camus 1913-1960）が示した解釈である（実際、カミュの思想に九鬼からの直接の影響を認める論者は数多い）。

カミュは、人生の不条理さ（absurde）――しょうもないということ、筋道が通らず、理不尽で、馬鹿げているということ――をめぐる象徴的な物語としてシーシュポスの神話を位置づけている。ただし、無意味な生のアレゴリーとしてではなく、ある種の逆説を孕むものとして。

カミュによれば不条理とは、「人間的な呼び

写真提供　ユニフォトプレス

図12－3　カミュ

かけと世界の不当な沈黙とが対置される」（カミュ『シーシュポスの神話』53頁）ところに見出されるものだ。寸分の隙もなく見事に練り上げられていた計画が、突然の天災によって水泡に帰す。あるスラム街の環境を改善しようと身を粉にして頑張っていた篤志家が、その街で強盗に遭って殺される。そうした、「かれの企図とかれを待ちうけている現実とのあいだの不均衡、かれの実際の力とかれの目ざす目的とのあいだに認められる矛盾」（同56頁）が、不条理の内実にほかならない。言い換えれば、不条理は「ある行動とそれを超える世界との比較から噴出してくる」（同57頁）ということだ。カミュは次のように強調している。

> 不条理は人間のなかにあるものでもなく……また世界のなかにあるものでもなく、両者の共存のなかにあるものだと言える。それは、いまのところ、この両者を結ぶ唯一の絆である。（同57頁）

ままならぬ世界のうちで、人間が何ごとかを目指し、何かを望みながら生きるがゆえに、そこに不条理が生まれる。つまり、人生が不条理なのだ。そしてカミュは、山頂めがけて岩を押し上げ続けるシーシュポスの姿に、不条理な人生のなかである種の反抗を続ける人間の気高さを見ている。

岩を山頂に運び上げるというシーシュポスの目標は、どこまでも達成されない。その意味で、シーシュポスが行っていることは無意味な徒労の永続である。（さらに言えば、岩を山頂に運び上げること自体が、無意味な徒労である。）それゆえ、彼が置かれた状況や、彼が行っていることは、滑稽であり、馬鹿げている。しかし、ただそうであるだけではない。

彼は、次こそはきっとやり遂げられるという希望の下に岩を押し上げているわけではない。彼は自分の運命を知っている。山頂近くまでたどり着くと、これまでどおり、岩が下の麓まで転がり落ちていく。それをじっと見つめた彼は、再び麓への道を歩み出す。カミュはこの下山の過程について、こう綴っている。

> こうやって麓へと戻ってゆくあいだ、この休止のあいだのシーシュポスこそ、ぼくの関心をそそる。石とこれほど間近かに取組んで苦しんだ顔は、もはやそれ自体が石である！　この男が、重い、しかし乱れぬ足どりで、いつ終りになるかかれ自身ではすこしも知らぬ責苦のほうへとふたたび降りてゆくのを、ぼくは眼前に想い描く。いわばちょっと息をついているこの時間、かれの不幸と同じく、確実に繰返し舞い戻ってくるこの時間、これは意識の張りつめた時間だ。かれが山頂をはなれ、神々の洞穴のほうへとすこしずつ降ってゆくこのときの、どの瞬間においても、かれは自分の運命よりたち勝っている。かれは、かれを苦しめるあの岩よりも強いのだ。（同 213 頁）

自分の悲惨な運命に対して、彼は無力である。そのことを知りつつ、彼はそれでも麓に下り、岩を押し上げることを意志し続ける。そうやって、「知力が自分の力をはるかに超える現実と格闘している姿ほどすばらしい光景はない」（同 97 頁）。カミュの言う「反抗（révolte）」とは、まさにそのような姿勢を指す。「反抗とは、圧倒的にのしかかってくる運命の確信——ただしふつうならそれに伴う諦めを切りすてた確信——それ以外のなにものでもない」（同 96 頁）。現実の世界は、人間の思いや願いに対して無関心だ。そうした「現実の非人間性が人間の偉大さをつくる」（同 98 頁）。現実の非人間性によって否応なくみずからの企てや努力が挫かれるという運命の確信は、普通なら諦めを伴うが、その諦めを切り捨て、なお自分のやるべきことをやろうとし続けるところに——その意味での反抗に――人間の偉大さと呼びうるものが宿る、そうカミュは言うのである。

カミュのこの思想は、後に書かれた小説『ペスト』の基底を成すモチーフともなっている。この物語の主人公リウーは、医師として、街を襲った疫病ペストとの絶望的な闘いに直面し、日夜治療に明け暮れている。ペストとはどのようなものかと問われて、リウーは「際限なく続く敗北」（カミュ『ペスト』188頁）だと答える。そして、新聞記者のランベールが、自分はヒロイズムなど信用しない、ヒーローを気取ったりしないで諦めることだと言うのを聞きながら、こう返答するのである。

> 「今度のことは、ヒロイズムなどという問題じゃないんです。これは誠実さの問題なんです。こんな考え方はあるいは笑われるかもしれませんが、しかしペストと戦う唯一の方法は、誠実さということです」
> 「どういうことです、誠実さっていうのは？」と、急に真剣な顔つきになって、ランベールはいった。
> 「一般にはどういうことか知りませんがね。しかし、僕の場合には、つまり自分の職務を果すことだと心得ています」（同245頁）

シーシュポスもリウーも、「誠実さ」でもって、際限なく続く敗北に「反抗」する。それは具体的には、ひたむきに自分のやるべきこと（岩を山頂に運び上げること、街からペストを駆逐すること）をやろうと意志し続けることである。カミュの考えに従うなら、たとえば「それをやって何になるのか」、「無意味だ」と達観して実際に諦めること（麓に下りようと意志しないこと、ペストの治療を意志しないこと）、あるいは自殺することは、不条理から目を背け、逃げることにほかならない。自分の力をはるかに超える現実と格闘する意志こそが、変えられぬ運命を変えずとも運命に勝るのであり、「こうした反抗が生を価値あるものたらしめる」(カミュ『シーシュポスの神話』97頁)というのである。

3. アイロニーが織り込まれた真剣さ ——ネーゲルの場合

人生の不条理さとしてカミュが浮き彫りにした問題に正面から取り組み、かつ、「反抗が人生に価値をもたらす」というカミュの回答とは異なる回答を示しているのが、現代の英米圏を代表する倫理学者のひとりトマス・ネーゲル(Thomas Nagel 1937-)である。

その名も“The Absurd(不条理)”というタイトルを冠した論文——ただし、その邦題は訳者によって「人生の無意味さ」というタイトルに改変されている——においてネーゲルは、私たちは生きるうえで二つの異なる視点をもたざるをえないと指摘している。

第一の視点は、自分の人生のいわば内部で、特定の物事に意味や価値を見出し、特定の関心や意図、願望をもって見ている視点である。ネーゲルによれば、「われわれは、エネルギーと注意力なしには、また、自分があるいくつかのことがらに特に真剣に取り組んでいるということを示すような選択をすることなしには、人生を生きていくことができない」(Nagel, “The Absurd”, p.14/22頁)。すなわち、「人間の生は努力、計画、打算、成功、失敗といったもので満たされており、われわれは、さまざまな程度の怠惰と活力によって、自分の人生を追求している」(同 p.14/23頁)ということである。

次に、第二の視点とは、そのように自分の人生を追求する内在的な視点から一歩退いたところから——自己のいわば外側から、あるいは「宇宙的

写真提供　Thomas Nagel/ユニフォトプレス

図12-4　ネーゲル

な視点」（同 p.21／35 頁）から――自分が普段していることを眺める視点である。ネーゲルによれば、この後者の視点、すなわち、「信念、証拠、正当化の織りなす体系全体を眺める抽象的視点」（同 p.19／31 頁）は、「自分の目指しているものや、それを追求することの偶然性と特殊性」（同 p.15／25 頁）を私たちに自覚させ、虚しさや儚さを覚えさせる。人生のなかで自分が何かに対して真剣であることが、理由や根拠のないことに見えてくるのである。

そしてネーゲルによれば、自分自身の人生をあたかも傍観者のように眺めるこの視点をいったんもってしまえば、すなわち、人生の意味に対する疑いをいったん抱いてしまえば、「それを途中で止める手だてはない」（同 p.17／28 頁）。というのも、止めるためにはこの疑いに「到達しないか、あるいはそれを忘れ去るかのいずれかであるが、どちらも意志によって実現されうることがらではない」（同 p.21／35 頁）からである。

さらに、ネーゲルが強調するのは、自分の人生に対して内在的な視点をとることが私たち人間にとって不可避であるのと同様に、外在的な視点をとることもほとんど避けられない、ということである。すなわち、「超越論的な一歩はわれわれ人間の本性に属するもの」（同 p.21／35 頁）なのである。彼はこの点を明確にするために、ネズミの生と人間の生を比較している。

> なぜネズミの生は不条理ではないのか。月の周回運動もまた無意味ではないが、そこにはいかなる努力も目的も含まれてはいない。しかしネズミは違う。彼らは生きていくために努力しなければならない。それでもネズミの生が不条理ではないのは、彼らには自分がネズミ以外の何ものでもないことを知るのに必要な自己意識と自己超越の能力が欠けているからである。もし彼らにそうした能力が備っていたとす

れば、彼らの生は不条理なものとなるはずである。というのも、自己認識は彼らがネズミであることをやめさせてくれるわけではなく、また彼らをネズミとしての努力を越えた高みに立たせてくれるわけでもないからである。自己意識が与えられたならば、ネズミは、答えることのできない疑念に満ちた、しかしまた捨てることのできない目的にも満ちた、貧弱でしかも狂わんばかりの生に戻って行かなければならないだろう。（同 p.21／34-35 頁）

翻って私たち人間の生について言えば、私たちは自分自身を意識し、あたかも自分の外側から自分を眺めて省みる能力――自己意識と自己超越の能力――を有しており、その能力を行使しないではいられない。そして肝心なのは、私たちはそのような外在的な視点に実際に立つことはできない、ということだ。そのような視点に立つことによって、人生が不条理なものになるわけではない。ネーゲルは次のように強調する。

……われわれがこの［自分自身を外側から眺める］視点をとり、自分のしていることが恣意的なことにすぎないと認めても、それによって人生から解放されるわけではない。そこに人生の不条理さがあるのだ。そのような外在的な視点をわれわれがとりうるという事実に、ではない。（同 p.15／25 頁）

たとえ、突然変異で生まれた１匹のネズミが自己意識と自己超越の能力を獲得したと想定しても、それによってネズミであることをやめられるわけではない。したがってそのネズミは、「答えることのできない疑念に満ちた、しかしまた捨てることのできない目的にも満ちた、貧弱でしかも狂わんばかりの生に戻って行かなければならない」。そしてそれは、私たち人間も同様である。私たちは自分の人生から一歩退いた視点をもつ一方で、自分の人生から逃れることもできない。自分のすることについて疑いを抱きつつも、それを真剣に行い、目的を追求して生き続ける。ネーゲルによれば、そこにこそ人生の不条理さがあるのだ。

繰り返すなら、私たちは自分の人生や人間の生一般に対する真剣さを疑問に付しつつも、自分の人生に復帰することになるし、そうせざるをえない。そしてその際、私たちの真剣さには不可避的にアイロニーが織り込まれているとネーゲルは言う。

> われわれは自分が慣れ親しんだ確信に、ある種のアイロニーと諦念をもって回帰する。当該の確信が依拠している自然な諸反応をわれわれは捨て去ることができない以上、その確信を取り戻すことになるのだ。ちょうど、誰かと逃げてはみたが元の鞘に収まることに決めた夫ないし妻のように。ただし、このとき、われわれはその確信や配偶者を元とは違った仕方で見るようになる。(……これは、新しい態度が元の態度よりも劣るということではない。)（同 p.20／32-33 頁）

このようにネーゲルは、〈特定の物事の価値に対して、その偶然性や特殊性を自覚しつつコミットする〉という私たちの姿を、〈アイロニーが織り込まれた真剣さ〉として分析する一方で、カミュの「反抗」の思想については次のように批判している。

> われわれは、自分の申し立てに耳を貸さない世界に対して拳を震わせ、それにもかかわらず生き続けることによって、自分の尊厳を救うことができる、とカミュは信じているようである。これは、われわれの生を不条理でないものとはしないが、われわれの生にある種の高貴

さを与えはするであろう。

この考え方は、私にはロマンチックで少々自己憐憫的であるように思われる。われわれの生の無意味さは、これほどの悲嘆も、これほどの反抗も、正当化しない。私は、別の通路からロマン主義に陥る危険を犯しても、人生の不条理さこそがわれわれに関することがらのうちで最も人間的なものの一つ——われわれの最も進んだ最も興味深い特徴の現われ——である、と言いたく思う。(同 p.22-23／37 頁)

ネーゲルの見るところカミュは、人生の不条理さの感覚を悲嘆し、嫌悪し、「反抗」という行動がもたらす勇気や誇りによってその感覚から逃れようとしている。しかしそれでは、「宇宙的観点から見た、自分の置かれた状況の取るに足らなさを正しく受け入れることができない」(同 p.23／38 頁)。宇宙的観点——言うなれば、永遠の相——の下に自分自身とその生を一歩退いたところから眺めるというのは、先述の通り、人間の本性に属する特徴だとネーゲルは指摘する。人間は生きるかぎり、自己意識と自己超越の能力を発揮せずにいることは困難であって、ほとんど不可避的に、自分の置かれた状況の取るに足らなさを認識せざるをえない。しかし、だからといって、その状況から逃れることもできない。それゆえネーゲルは、「人生の不条理さこそがわれわれに関することがらのうちで最も人間的なものの一つ——われわれの最も進んだ最も興味深い特徴の現われ——である」と主張するのだ。

ネーゲルによれば、自分の不条理な人生に対して私たちは悲嘆する必要はないし、まして絶望する必要はない。私たちは、自分の置かれた状況の取るに足らなさをそれとして受け入れつつ、同時に、その状況において特定の物事に真剣に打ち込むことができる。すなわち、アイロニーをもって自分の人生に取り組むことができる。あるいは、すでにそのように人生を送っている。それが、少なからぬ人間が送っている人生の現実のありようなのだ、ということである。

> 永遠の相の下ではいかなる物事も重要だと信じるべき理由が存在しないのであれば、そうした物事は事実重要ではないということでもある。われわれは自分の不条理な人生に対して、ヒロイズムや絶望によってではなく、アイロニーをもって取り組むことができるのだ。（同 p.23／38 頁）

4. 無常と永遠のあいだ――中島敦「悟浄出世」の顛末

こうしてネーゲルは、カミュの「反抗」の思想を批判しつつ、アイロニーが織り込まれた真剣さというものを、人生の意味に対する懐疑に脅かされた人間にとって可能な生き方として提示している。

とはいえ、カミュとネーゲルの思想の間に実際のところどこまで違いがあるのかは判然としない。『ペスト』の主人公リウーが語っていたことを思い出してほしい。彼は、ペストとの闘いを「際限なく続く敗北」と呼んでいる。つまり、自分の人生を賭けて取り組んでいる事柄はどこまでも成就せず、その意味では無意味だと理解している。彼はそうやって自分自身の人生を一歩退いたところから眺めつつ、それでもなお、ペスト患者を真摯に治療し続けるのである。しかも、自分はその際にヒーローを気取っているわけではないこと、みずからの営みが「ヒロイズムなどという問題じゃない」ということを、はっきりと表明している。そして、それは「誠実さの問題」であり、自分の場合には「自分の職務を果すこと」だと続けている。私たちは、そのような営み自体に、人生の意味への問いをめぐる何ごとか重要な手掛かりを見て取ることができるだ

写真提供　共同通信社/ユニフォトプレス

図 12－5　中島敦

ろう。すなわち、自分のすべきことに習熟し、ひとつひとつの仕事をどこまでも積み重ねていく営み自体に、ある種の強靱さと呼ぶべきものが宿る可能性――さらに言えば、無常を超えた永遠に触れる崇高さ、神聖さと呼ぶべきものが宿る可能性――を窺うことができるだろう。

この点に関して、本章の最後に別の文学作品も取り上げておきたい。作家の中島敦（1909-1942）が晩年に書いた小説「悟浄出世」において、主人公の沙悟浄は、自己と世界への懐疑に囚われ、存在の不確かさや偶然性への不安に苦しんでいる。彼は、「自己、及び世界の究極の意味」（中島「悟浄出世」123 頁）を求めて思索を重ねるのだが、物語の終盤に転機が訪れる。彼は、「思索による意味の探索以外に、もっと直接的な解答（こたえ）があるのではないか」（同 136 頁）と思い立つのである。

自分は、そんな世界の意味を云々する程大した生きものではないことを、渠（かれ）は、卑下感を以てでなく、安らかな満足感を以て感じるようになった。そして、そんな生意気をいう前に、とにかく、自分でもまだ知らないでいるに違いない自己を試み展開して見ようという勇気が出て来た。躊躇する前に試みよう。結果の成否は考えずに、唯、試みるために全力を挙げて試みようという勇気が出てきた。躊躇する前に試みよう。結果の成否は考えずに、唯、試みるために全力を挙げて試みよう。（同 141 頁）

そして、彼のこの心境の変化と呼応するように、観世音菩薩が現れ、彼にこう語りかける。

> 惟（おも）うに、爾（なんじ）は観想によって救わるべくもないが故に、之より後は、一切の思念を棄て、ただただ身を働かすことによって自らを救おうと心掛けるがよい。時とは人の作用（はたらき）の謂（いい）じゃ。世界は、概観による時は無意味の如くなれども、其の細部に直接働きかける時始めて無限の意味を有つのじゃ。悟浄よ。先（ま）ずふさわしき場所に身を置き、ふさわしき働きに身を打込め。身の程知らぬ「何故（なぜ）」は、向後一切打捨てることじゃ。（同 144-145 頁）

世界は、あたかも永遠の相の下に眺めるように概観するときには無意味のようになるが、その細部に直接働きかけ、ふさわしい場所でふさわしい働きに身を打ち込むとき、無限の意味をもつ。彼はこの菩薩の導きに従い、やがて玄奘（げんじょう）（三蔵法師）の供となって、天竺行きの難業に打ち込むことになるのだが、しかし彼は、意味への問いを完全に忘れられたわけではない。天竺行きの途上でも、「まだすっかりは昔の病の抜け切っていない」（同 147 頁）彼は、最後にこう独り言をつぶやく。「どうもへんだな。どうも腑に落ちない。分らないことを強いて尋ねようとしなくなることが、結局、分ったということなのか……どうも、うまく納得が行かぬ」（同）。

天竺行きという彼の職務はやがて成就することになるが、そのような「成否」は彼にとってもはや問題ではない。彼は自分にふさわしい働きに真剣に打ち込む。しかしながら、彼はそれに文字通り専心できるわけでもない。すなわち、「なぜ」という問いを完全に忘れることはできない。それが、菩薩でも仏でもなく、また、ネズミでもないような、そうした存在の宿命にほかならない。悟浄も結局のところ、リウーと同様に、幾ばくかアイロニーが織り込まれた真剣さのなかを生きるのである。それが人間という存在なのだと、ネーゲルであれば言うことだろう。

参考文献

アルベール・カミュ『シーシュポスの神話』(清水徹訳、新潮文庫、1969年)

――『ペスト』(宮崎嶺雄訳、新潮文庫、1969年)

九鬼周造「時間の観念と東洋における時間の反復」『時間論　他二篇』(小浜義信編、岩波文庫、2016年)

中島敦「悟浄出世」『中島敦全集2』(ちくま文庫、1993年)

Nagel, Thomas, "The Absurd" in his *Mortal Questions*, Cambridge University Press, 1979.(トマス・ネーゲル「人生の無意味さ」『コウモリであるとはどのようなことか』永井均訳、勁草書房、1989年)

ホメロス『オデュッセイア』上(松平千秋訳、岩波文庫、1994年)

13 真理への懐疑
――哲学史のなかの懐疑論

古田徹也

《目標＆ポイント》 ローティは、歴史主義とデューイ流のプラグマティズムを背景に、哲学は真理を発見しようとする実践ではなく、文化政治の実践を志向すべきだと訴える。これに対してネーゲルは、人生の不条理さの感覚と哲学的な懐疑論との間にパラレルな構造を見て取りつつ、哲学とはローティが考えるよりも遥かに根源的なものだと主張する。このネーゲルの批判が意味することを、古来の懐疑論（懐疑主義）の歴史をたどり直しつつ理解する。
《キーワード》 リベラル・アイロニスト、相対主義、歴史主義、古代懐疑主義、プラグマティズム、スケプシス、モンテーニュ、デカルト、デューイ、ローティ、ネーゲル

1．アイロニーと相対主義

前章では、人生の不条理さをめぐる〈アイロニーが織り込まれた真剣さ〉という構えについて検討した。ネーゲルはこの構えを次のように説明している。⑴自分自身に対して外在的な視点をとれるという人間の能力が、「自分の目指しているものや、それを追求することの偶然性と特殊性」の自覚を促し、虚しさや儚さをもたらす。⑵にもかかわらず人間は、そのような外在的視点に実際に立つことはできず、自分自身の人生を送る以外にない。これが、人生の不条理さの内実である。⑶この不条理さのなかで人間は、人生の意味に対する懐疑を維持しつつも、特定の価値

の追求に真剣に打ち込むことができる。

さて、以上の議論は、第11章第3節で見た「リベラル・アイロニスト」というあり方を彷彿とさせるものだと言える。振り返りも兼ねて、ローティによる「アイロニスト」の定義を少し詳しく確認しておこう。彼はこう述べている。

> 私は、自分にとって最も重要な信念や欲求の偶然性に直面する類の人物――つまりそうした重要な信念や欲求は、時間と偶然の範囲を超えた何ものかに関連しているのだ、という考えを棄て去るほどに歴史主義的(ヒストリシスト)で唯名論的(ノミナリスト)な人――を、「アイロニスト」と名づけている。(ローティ『偶然性・アイロニー・連帯』5頁)

たとえばジグムント・フロイト（Sigmund Freud 1856-1939）は、そうしたアイロニストのひとり――しかも、後の世界に極めて大きな影響を与えた先駆的人物――だとローティは位置づけている。というのも、フロイトの精神分析学は、幼年期の抑圧された性的衝動をはじめとする偶然の所産が、私たちの人生を半ば決定すると見なすものだからだ（同67頁）。つまり、フロイトの理論の根底にあるのは、彼自身も強調しているように、「本人と親たちとの関係にかかわる偶然の事情が、ある人間の運命に決定的な影響を及ぼす」（フロイト「レオナルド・ダ・ヴィンチの幼年期の思い出」96頁）という理解、すなわち、「自分たちの人生における一切が、精子と卵子の遭遇によるわれわれの発生以来、本来、偶然である」（同）という理解なのである。

道徳性や良心なども、それらを言い表す語彙

写真提供　ユニフォトプレス

図13－1　フロイト

も、ひいては言語全体も、それが息づく共同体も文化も、すべてが歴史的な偶然の産物に過ぎない――ローティによれば、そのことを認めるのがアイロニストである。ただし、アイロニストは必ずしも一種のニヒリスト――人生や世界のなかに一切の価値や意義などを認めない立場――であるわけではない。たとえば、アイロニストでありつつリベラルであることは可能であり、そうした**リベラル・アイロニスト**こそが自分自身のコミットする立場だと彼は言うのである。

そして、これも第11章第3節で確認した通り、ローティにとってリベラルとは、「残酷さこそわれわれがなしうる最悪のことだと考える人々」であり、残酷さを排することと、個々人の多様な私的生を――その意味での自由を――守ること、その両者のバランスを最適化すべく努める人々のことである（『偶然性・アイロニー・連帯』33頁）。そして、リベラル・アイロニストとは、そうした「残酷」や「自由」などの諸価値を表す語彙が偶然の産物であることを認めつつ、「残酷さを排する」とか「自由を守る」といった諸価値にコミットする人々のこと――あるいは逆に、「自らのコミットメントを、そのコミットメントが帯びている偶然性の感覚に結びつける人々」（同130頁）のこと――にほかならない。

> リベラル・アイロニストにとって、「なぜ残酷であってはならないのか」という問いに対する答えなどない。つまり、残酷さはぞっとするものだという信念を、循環論に陥らずに支持する理論などない。（同5頁）

ローティによれば、プラトン以来の伝統的な哲学者たちは、普遍的で非歴史的で基礎的な真理を捉えるという理想を追い求めてきた。この哲学の方向性をローティが批判し、別の道筋を示す際に主な導きとしているのは、ジョン・デューイ（John Dewey 1859-1952）のプラグマティズムである。

デューイの見立てでは、「さまざまの哲学は、宇宙が偶然的性格のものだということを否定するための処方箋を提供するさまざまな仕方として見なされる」（デューイ『経験と自然』64頁）。これに対してデューイが強調するのは、「人は自ら、偶然の世界に生きているのを見いだす。大胆に言えば、人の存在は賭博を含意する」（同59頁）ということだ。ローティはこのデューイの見方を受け継ぎ、プラグマティズムのアプローチを次のように特徴づける。すなわち、人間の存在には賭けが内在しており、世界とは不確実で不安定な舞台であることを前提にしたうえで、すでに存在する普遍的な実在や本性（intrinsic nature）を**発見する**のではなく、自分たちがすべきことを**創造する**——あるいは、自分たち自身を**変化させる**——試みに参与する、というアプローチである。そして、その試みのひとつの具体的なかたちが、ローティにとっては、リベラル・アイロニストたることなのである。

こうした立場をとるローティからすれば、リベラル・アイロニストたることは、真理を追求するという理念自体を放棄することを意味する。第11章第3節ですでに確認した通り、彼は、真理にこだわることの無益さを訴える。彼によれば、真理とは**そこにある**ものではない。すなわち、真理とは**世界の**属性ではない。そうではなく、「真理は言語的な実体、つまり文の属性である」（ローティ『偶然性・アイロニー・連帯』20頁）という。世界はそこにあるが、**世界の**記述はそこにはない。世界の記述だけが真か偽になることができる。言い換えれば、文のないところに真理はないということだ。したがって、「真理は

写真提供　ユニフォトプレス

図13−2　デューイ

文の属性であり、文はその存在を語彙に負っており、そして語彙は人間存在によってつくられているのだから、真理もまた人間存在によってつくられている」(同46頁)。だとすれば、言語も歴史的な偶然の産物である以上、「言語によって『実在を再現する』という考えを、したがって、すべての人間の生にとって単一のコンテクストを発見するという考えを、まるごと棄て去るべきだ」(同59頁)とローティは主張するのである。

こうして、すべての人間の生にとって単一のコンテクストを発見するという誘惑は、「世界や自分自身を記述する際に通常使用している多くの言語のなかで、ある一つの言語を特権化しようとする誘惑の所産なのだ」(同20頁)とローティは結論づける。それゆえ、そのような誘惑から逃れ、むしろ、「新しい言語を発明する」(同60頁)こと、「もっと多様で多彩な人工物をつくる」(同115頁)こと――そうした文化政治の実践――こそが、リベラル・アイロニストの目的であるということになる。晩年の論文においても、ローティは次のように述べている。

……私は、哲学教授は文化政治を実践しているのだという見方に喜んで賛同する。文化政治を進める一つのやり方は、語の用法の変更を提案したり新語を広めたりすることによって、行き詰まりを打開し会話をもっと実り多いものにすることである。私は、物事を正しく捉えるという目標を放棄し、個人の自己記述や文化の自己記述のレパートリーを拡大するという目標にそれを置き換えることを、心から望んでいる。私の見るところ、哲学の主眼は、物事が「本当は」どのようなものであるかを見抜くことではなく、われわれの成長を助けること――われわれをもっと幸せに、もっと自由に、もっと柔軟にすること――にある。われわれの概念が成熟すること、われわれの概念のレパート

> リーがますます豊富になることこそが、文化的進歩なのである。(ローティ「分析哲学と会話哲学」133 頁)

もちろん、「真理は『そこに』あるのではないと語る者は誰でも、相対主義と非合理主義の嫌疑をかけられる」(『偶然性・アイロニー・連帯』97 頁) ということをローティは重々承知している。そして、相対主義にはよく知られた致命的問題がある。すなわち、相対主義が自己の主張は真理であると主張するものであるなら、その主張は明らかに自己論駁的なものとなる――また、その主張自体も相対的であるとするなら、今度は自己言及的な無限後退に陥ってしまうことになる――という問題だ。

しかしローティによれば、そのような「相対主義が陥る窮地」など存在しない。なぜなら、「自分が採用した言語、文化、組織、そして慣習を乗り越えて、こうしたすべてを、他のすべてと同じ水準において眺める方法などない」(同 109 頁) からだ。私たちは常にいま・ここから――自分がすでに投げ込まれ、取り込んでしまっている特定の言語、文化、組織、慣習のなかから――既存の概念(語彙)の成熟や変化を図っていく以外にない、ということである。

2. スケプシス――懐疑と探究

ここで注意すべきなのは、人生や世界に向き合う際の構えとして、ローティと同じく「アイロニー」という概念に着目しているはずのネーゲルが、ローティが提唱する類いの歴史主義およびプラグマティズムに対しては批判的だということである。

ネーゲルは、私たちが常に特定の文化圏の歴史のなかの特定の立場に位置せざるをえない、ということは認めている。しかし、このことと、「歴史主義を信奉し、歴史の特定の立場の内側にしか真理がないと開き直ること」(Nagel, *The View from Nowhere*, p.11／16 頁) は別の話だと指摘し、次のように続けている。

> ……哲学とは、特定の言語のようなものではない。哲学的問題の源泉は言語以前——そして、しばしば文化以前——のものである。哲学にとって最も困難な課題のひとつは、はっきり形をなしてはいないが直観的に感じている問題を、見失うことなく言葉で表現するということである。
> ……かつての論理実証主義者や言語分析学派の診断でも無理だったように、歴史主義的解釈によって哲学の問題を消滅させることはできない。そうした実際的な理論に何らかの効果があるとすれば、しばらくの間、ある種の問題が真剣に提出されることを抑えつけることによって、知的風景をみすぼらしいものにすることくらいだ。そうした動向は、解放 (liberation) という名のもとに知を抑圧するようわれわれに勧めてきたのである。
> ……なかには、哲学の問題の扱いにくさに対する反応として、〈哲学という企てそのものが思い違いであって、その問題も幻想にすぎない〉という示唆を歓迎する者もいる。それによって彼らは、科学主義だけでなく、実証主義やプラグマティズムのような、デフレ的なメタ哲学理論を受け入れることになる。そうした理論は、古めかしい論争からわれわれを掬い上げてやるとそそのかしてくるのだ。(同 p.11／17-18 頁)

歴史主義とプラグマティズムを採るローティはまさに、哲学とは「特定の言語のようなもの」だと見なし、真理の追求という哲学観を放棄するように促す。そのような哲学観は、ある一つの言語を特権化しようとする誘惑の所産だ、というわけである。そして、哲学とは本来「文化政治」――既存の語彙の成熟や新語の創造などによって私たちの幸福や自由や柔軟性を増進させること――だと主張する。これとは対照的にネーゲルは、哲学とは言語以前のもの、文化以前のものだという。ネーゲルによれば、プラグマティズム（および科学主義、実証主義）は私たちを哲学の伝統的論争から解放すると唱えながら、実際にやっているのはむしろ知の抑圧であり、知的風景をみすぼらしいものにしているに過ぎないというのである。

こうした批判の背景には、アイロニーというものに対するネーゲルとローティの見方の違いがあると言えるだろう。人生や世界に対する私たちの構えに含まれるアイロニーとは、ネーゲルにとっては、言うなれば人間本性に根差したものであり、特定の時代や文化や言語のなかでのみ生じるものではない。興味深いのは、この点に絡んでネーゲルが、人生の不条理さの感覚と哲学的な懐疑論との間にパラレルな構造を見て取っているということだ（Nagel, “The Absurd”, p.15, 18-19／25, 30-33 頁）。その含意を明確にするために、少し遠回りになるが、哲学的な懐疑論の大まかな歴史的展開をまずもって確認しておきたい。

一個の立場としての哲学的な懐疑論の源流は、遅くとも古代ギリシアのプロタゴラス（前５世紀頃）の時代にまで遡る。「真理」にあたる古代ギリシア語「アレーテイア」の原義は、「隠されていないこと」である。哲学者たちは真理を、すなわち、隠された世界それ自体の本当のありようを、明るみに出すことを求める。しかし、そのように「哲学とは唯一の世界について言明しようと欲するものであり、また現に言明することができるのだ、とする哲学の要求を、プロタゴラスは傲慢な思い上がりと見なした」（ヘルト「真理をめぐる抗争」６頁）。プロタゴラスは、「人間は万物の尺度である」というテーゼを示したことでよく知られているが、このテーゼには、物事のありようは本質的に人によって異なっているという見解、そして、哲学こそが唯一真正のありようを示すという哲学者の「思い上がり」を批判する意味合いを読み込むことができるだろう。たとえば、同じ風が吹いていても、ある者は身震いし、別の者は何とも感じない、ということがあるだろう。そうであれば、風が無条件にそれ自体として冷たいとか冷たくないというのではなく、人によっては冷たい風であったりそうでなかったりする、というのが実情であるように思われる。

このプロタゴラスの立場は、懐疑主義（懐疑論）というよりも相対主義と呼ぶにふさわしい。それゆえ、相対主義につきまとう致命的問題（前節参照）が彼の立場にも当てはまることになる。すなわち、「人間は万物の尺度である」というテーゼ自体は真理――世界それ自体の本当のありよう――だとプロタゴラスは主張しているのではないのか、という批判である。彼の時代からおよそ百年後に活躍したピュロン（紀元前4-3世紀頃）とその弟子ティモンを嚆矢とする古代懐疑主義は、〈真理を主張する者に対する批判それ自体が、真理の主張になってしまう〉ということについて鋭敏であり続ける立場だと言える。

古代懐疑主義は、大きく3種類に区分される。⑴ピュロンらの初期思想。⑵その後に活躍した、アルケシラオス（前316頃-前242頃）やカルネアデス（前214頃-前129頃）をはじめとする（中期）アカデメイア派。⑶さらにその後の、アイネシデモス（前1世紀頃）やセクストス・エンペイリコス（後2-3世紀頃）らのピュロン主義。――それぞれの立場には違いも見出せるが、世界に対する自分たちの捉え方がいかに限定されているか、また、いかに文化や習慣といったものに規定されているか、といったことを重視している点は共通している。総じて、彼らの立場は、「私はかくかくという真理を発見した」という哲学者の判断を局所的で独断論的だと批判し、その種の判断の一切を保留するよう自他に促すものだと言える。しかし、そのとき古代懐疑主義者たちは、自身のそうした批判や主張については真理であると判断していることにならないか。――これは、彼らに対して当時から向けられてきた典型的な批判である。

セクストス・エンペイリコスはこの種の批判に対して、自分たちが繰り出す言葉はある種の薬のようなものだ、と応答している。すなわち、薬が効き――つまり、懐疑主義者の言葉を受け入れ――、哲学者が自分の思い上がりや性急さを省みて判断保留へと至り、アタラクシアー（無動揺、不動心、心の平静）の状態に落ち着いて、いわば知的病いから癒やされるならば、そして、そこで平安を得て満足するならば、自分たちの言葉はそこでまさに用済みなのであって、それ以上の意義は何もない、というのである。セクストスは次のように述べている。

> ……浄化剤［下剤］が、身体から水分を排出したうえで一緒に自らも押し流すのと同様に、証明に反対する議論もまた、あらゆる証明を否認した後に、一緒に自らも無効にすることができる。（セクストス『学者たちへの論駁』8.480）

このように古代懐疑主義者は、自分たちの議論を、身体から不要な老廃物などを自分もろとも一緒に押し流す下剤に喩えている。後の時代にセクストスの著作のラテン語訳を読んで深く影響を受けたモンテーニュ（Montaigne 1533-92）は、この〈下剤の比喩〉を援用しつつ、人間の理性の限界を受け入れることで開

写真提供　ユニフォトプレス

図 13－3　モンテーニュ

かれる信仰への道筋を説いている。「人間自身の手段を捨て去り、純粋な天の手段に身を任せて引き上げられ、高められるならば、上に登ることができる」（モンテーニュ「レーモン・スボンの弁護」165頁）というのである。

人間の理性の限界を受け入れ、判断保留によるアタラクシアーの状態に落ち着くべきかどうかというのは、近代の哲学者において見解の異なる点である。たとえばデカルト（Descartes 1596-1650）は、『省察』の第一省察において自身が展開した徹底的な懐疑について、次のように語っている。

> 事物の確固たる認識に達するに利するところのあるのは、まずもってすべての事物、とりわけ物体的な事物について疑う習慣を身につけるということなのでありますから、このことについてアカデミア派や懐疑主義の人々によって書かれた幾多の書物を久しく前に見たことがあり、そうしたお古の焼きなおしをすることに私の潔しとはしないものがあったとはいえ、私はしかし省察の一つを全部そのことに費やさざるをえなかったのです。（デカルト「第二反論に対する答弁」VII, 130）

つまりデカルトは、自身の懐疑論が古代懐疑主義の焼き直しであることを認めつつ、あくまでもそれを、真理に到達するためのいわば予備的考察として位置づけるのである。

他方で、本書で度々言及してきたヒュームは、デカルトによるこの種の懐疑論の位置づけを批判し、「他の原理を超えた特権性をもち、それ自体で明らかで得心できるような、そのような原初的原理など存在しない」（ヒューム『人間知性研究』§12-3）と述べている。ヒュームによれば、文字通り一切の信念を疑おうとするデカルト的懐疑は人間には不可能な営みであり、それを経由して何らかの悪心や得心を抱く状態に私たちが至ることはありえないという（同）。

代わりにヒュームが称揚するのは、デカルトが採るようないわば過激な懐疑論ではなく、もっと節度ある懐疑論である（同§12.2.21-23, §12.3.24-25）。ヒュームは、私たちが自分たちの行使している機能の不完全性やその狭い到達範囲、不正確な作用などをよく考慮し、自分たちの日々の実践や経験に属する限定的な主題に対して、断定や独断を避けた吟味を続けることを提案する。第５章第５節ですでに触れたように、ヒュームは、そのような探究と対話の継続の方法論として、懐疑論（懐疑主義）という立場を位置づけるのである。（ちなみにヒュームは、この節度ある懐疑論の原型を中期アカデメイア派に認める一方、ピュロン主義については過激な懐疑論と呼んで批判している。本書では、古代懐疑主義の両派に対するこうしたヒュームの区別の妥当性については踏み込まない。）

懐疑主義や懐疑論という用語に含まれる「懐疑」という概念、その古代ギリシア語の原語は、「スケプシス」である。そして、「スケプシス」という語は元々、「探究」や「考察」、「思慮」、「吟味」といったものを意味していた。この点に鑑みれば、ヒュームによる懐疑論の位置づけは、むしろ「スケプシス」の原義に忠実なものとも言えるだろう。実際、古代懐疑主義者は自分たちのことを、〈真理を見出しうる〉とも〈真理は見出しえない〉ともアプリオリに断定せず――つまり、独断的（ドグマ）な主張に陥らず――どこまでも探究を続ける者をもって自任していたのである。

ともあれ、ソクラテスやプラトンの活躍が始まる前に、すでに哲学の営みの内部において、そのひとつの側面――すなわち、世界の唯一真正のありようを発見しようとする営みとしての哲学――に対する批判がプロタゴラスから向けられていたことは確かである。またその後も、真理の探究が常に懐疑論と裏腹なものであり続けてきたことも疑いない。その意味で、懐疑論的思考は哲学の敵というよりも、その一部なのである。

3. 哲学の一部としての、哲学への懐疑

以上の点を踏まえて、人生の不条理さの感覚と哲学的な懐疑論とをパラレルに見るネーゲルの視座へと立ち戻ろう。

人生の不条理さの感覚も、哲学的な懐疑論も、日々の自分の生活および自分自身から一歩退くことによって、普段は疑っていない日常的信念には究極的な根拠が見当たらない、という認識に至るものという点で共通している。つまりどちらも、「我々がある種の洞察力を——すなわち、思考において自己自身を超越する能力を——所有している」(Nagel, “The Absurd”, p.23／37 頁) ことを前提にしている。そして懐疑論が、古代から現代に至るまで人間の哲学的思考に不断につきまとってきたものであるのと同様に、人生の不条理さの感覚も、人間の生というものから切り離せないものだとネーゲルは考える。つまりネーゲルの議論に従うならば、人生の不条理さも懐疑論も、哲学の問題を無効化させるものではないどころか、むしろ、人間がその歴史のなかで繰り返し立ち返ってきた哲学そのものの一部だということである。

そしてこのことは、ローティ的な立場に対するネーゲルの批判のポイントにもなっている。つまり、ローティはデューイの見立てに従いつつ、伝統的な哲学を〈普遍的で非歴史的で基礎的な真理を探究する営み〉としてのみ捉え、そのような哲学を乗り越えることを訴えているが、しかし、当のローティ自身の立場は基本的に、古代ギリシア以来の懐疑論の反復と言えるものになっている。というのも、彼は、〈哲学の主眼は、物事が「本当は」どのようなものであるかを見抜くことではない〉

と主張し、私たちは常にいま・ここから、自分が属する文化や慣習を起点に――同時に、それに対する懐疑の眼差しをもちつつ――吟味し、探究を続けていく以外にない、と強調しているからである。つまりローティは、実際には古来の哲学の内部で、そのひとつの代表的な立場に近しいものを提唱しているに過ぎないにもかかわらず、あたかも哲学そのものを乗り越えられるかのように錯覚している、ということだ。

懐疑論は、哲学それ自身に深く根を張っている。そして、その懐疑の運動は、ときに己れ自身を食い破って、その営み全体を古びた過去のものにしてしまうかに見える。しかし、そのように自らの土台を掘り崩し、哲学自体を疑うのも、やはり哲学なのだ。むしろ、〈哲学とは何か〉、〈哲学は存在するのか〉という己れへの懐疑を抜きに、おそらく哲学は存在しないし、ネーゲルもそう考えているように思われる。この、哲学の底知れない根の深さについては、最終章に至って再び取り上げることになるだろう。

参考文献

セクストス・エンペイリコス『学者たちへの論駁』（金山弥平・金山万里子訳、京都大学学術出版会、1998年）

ルネ・デカルト「第二反論に対する答弁」『デカルト著作集2　省察および反論と答弁』（所雄章訳、白水社、1973年）

ジョン・デューイ『経験と自然』（河村望訳、人間の科学新社、2017年）

Nagel, Thomas, "The Absurd" in his *Mortal Questions*, Cambridge University Press, 1979.（トマス・ネーゲル「人生の無意味さ」『コウモリであるとはどのようなことか』永井均訳、勁草書房、1989年）

Nagel, Thomas, *The View from Nowhere*, Oxford University Press, 1986.（トマス・ネーゲル『どこでもないところからの眺め』中村昇・山田雅大・岡山敬二・齋藤宜之・新海太郎・鈴木保早訳、春秋社、2009年）

デイヴィッド・ヒューム『人間知性研究』（斎藤繁雄・一ノ瀬正樹訳、法政大学出版局、2004年）

ジグムント・フロイト「レオナルド・ダ・ヴィンチの幼年期の思い出」『フロイト全集』第11巻（甲田純生・高田珠樹訳、岩波書店、2009年）

クラウス・ヘルト「真理をめぐる抗争——現象学的エポケーの前史」『知を愛する心と疑う心』（佐藤義之・安部浩・戸田剛文編、小川侃・江口建訳、晃洋書房、2008年）

ミシェル・ド・モンテーニュ「レーモン・スボンの弁護（第二巻第十二章）」『エセー（三）』（原二郎訳、岩波文庫、1966年）

リチャード・ローティ『偶然性・アイロニー・連帯——リベラル・ユートピアの可能性』（齋藤純一・山岡龍一・大川正彦訳、岩波書店、2000年）

——「分析哲学と会話哲学」『ローティ論集』（冨田恭彦編訳、勁草書房、2018年）

14 道徳への懐疑
――他者とともに世界を生きること

古田徹也

《目標&ポイント》 道徳は、人生において真に追求されるべき価値という特別な地位が与えられてきた一方で、深い懐疑の対象ともなってきた。ニーチェによる道徳批判と、道徳への懐疑を括弧に入れたスティーヴンソンの道徳哲学、さらに、カヴェルによるスティーヴンソン批判の内実を跡づけることで、〈道徳への懐疑はそれ自体、道徳というものにとって本質的な位置を占める〉という論点と、他者とともに世界を生きる可能性の問題として道徳の問題を捉える視座とを理解する。

《キーワード》 ルサンチマン、奴隷道徳、主人道徳、情緒主義、態度（関心）における不一致、文学、ニーチェ、スティーヴンソン、カヴェル、プラトン、ラ・ロシュフーコー

1. 道徳は人生において真に追求されるべき価値をもつか

前章で跡づけたように、ローティの掲げる「リベラル・アイロニスト」とはニヒリストのことではなく、特定の価値に関して――それが偶然の産物に過ぎないことを了解しつつ――その追求に真剣に打ち込む者のことであった。具体的には、残酷さこそ私たちがなしうる最悪のことだと考える者、個々人の多様な私的生を守る者などが、ローティにとって「リベラル」と呼ばれうる者にほかならない。その点でローティは、道徳的といまの私たちが呼ぶ価値の一種に確かにコミットし、それが社会に

広まることを願っていると言える。

また、前々章で触れた医師リウー（カミュの小説『ペスト』の主人公）も、自分のしていることが「際限なく続く敗北」であることを自覚しつつ、誠実であろうと努め、粉骨砕身して他人の命を救おうとしている。この彼の生き方に対しても、私たちはやはり道徳的と呼ぶだろう。

私たちはしばしば、富や快楽それ自体よりも、道徳的価値こそが人生を生きるに値するもの、人生に眼目や意義を与えるものだと認めている。たとえ有り余るほどのお金をもっていても、そのために人間関係が崩壊し、ひどく孤独で鬱々とした日々を送っているのであれば、その生を私たちは望ましいものとは見なさないだろう。また、麻薬漬けになって途方もない快楽を感じ続ける生も、私たちは追求すべきものだと見なさないだろう。そのような堕落した生ではなく、良心に従い利他心に基づいて行動する道徳的な善き生こそが、真の良き生だ、というわけである。

道徳が、人生において真に追求されるべき価値という極めて重要な特徴をもっているとすれば、それはなぜだろうか。あるいは、そのような価値をもっているというのは幻想なのだろうか。

20世紀に臨んでニーチェ（Nietzsche 1844-1900）が展開した道徳批判は、主に西洋において広く受け入れられてきた種類の道徳的価値――その多くはキリスト教の教義と合致している――への懐疑をラディカルなかたちで提示したものだ。ニーチェは、「よい（善い、良い）」という概念の起源について次のように主張している。

> 「良い」という判断は、「良いこと」をしてもらった人々の側から生まれるものではない

写真提供　ユニフォトプレス

図 14－1　ニーチェ

のだ！　この判断はむしろ「良い人々」の側が行ったものである。すなわち高貴な人々、力の強い人々、高位にある人々、気位の高い人々の側が行ったのである。こうした人々はみずからと自分の行動を、すべての低い者たち、心情の下劣な者たち、粗野な者たち、賤民たちとは違って、〈良い〉もの、第一級のものと感じて、評価したのである。……

　この高貴さと距離のパトスは、すでに指摘したように、低い類型、「下位の者たち」にたいして、支配する高位の類型の者たちが感じる持続的で支配的な感情、全体的で根本的な感情なのだ――それこそが「良い」と「悪い」という対立の起源である。（ニーチェ『道徳の系譜学』35-36 頁）

このようにニーチェによれば、〈よい（善い、良い）〉とは元来、「高位の者たち」による自己肯定――自己の身分の高さや力の強さや優秀さに対する肯定――を意味するものであって、〈よい人々〉とは、〈高貴な人々、力の強い人々、高位にある人々、気位の高い人々〉のことであった。しかし、ある時代に、こうした本来の道徳的価値を覆す動きがあった。具体的には、紀元前後以降の西洋の歴史のなかで、「下位の者たち」が価値観の転換を図ったのだという。優秀な者や力強い者に対して、劣った者や脆弱な者は現実では勝てないから、内面に憎悪や復讐心が鬱積していく（＝ルサンチマン）。それゆえ、彼らはやむをえず、思想的ないし精神的な次元で勝利し、いわば想像上の復讐を果たそうとする。彼らは、優秀さや強さを〈よいもの〉ではなく〈悪いもの〉〈邪悪なもの〉へと読み替え、低劣さや弱さを〈悪いもの〉ではなく〈よいもの〉〈善良なもの〉へと読み替える。そして、自分たちが強いられている隷属や臆病さを、謙虚さや慎重さといった徳として読み替えていく。ニーチェは、こうした価値転換を図る道徳を〈奴隷道徳〉ないし〈畜群道徳〉と呼び、〈主人道徳〉ないし〈貴族道徳〉と対照させて強く攻撃している。

> 「無私の人」や「自分自身を否認する人」の概念においては、デカダンス本来の目印が、つまり、有害なものに誘惑されることや、自分の利益を見つけられなくなっていることや、自分を破壊することが、おしなべて価値のしるしとされている。「義務」とされ、「神聖」とされ、人間における「神的なもの」とされているのだ！　最後に――これが一番恐ろしいことだが――善人という概念においては、すべての弱者、病人、出来そこない、自分自身に苦しんでいる者が支持されている。滅ぶべき者がすべて支持されているのだ。――自然選択の法則が十字架にかけられている。誇り高く、出来のよい人間、イエスと言う人間、未来を確信し、未来を保証する人間に対する異議から理想がつくられている。――異議を申し立てられた人間のほうが、いまや悪人と呼ばれているのだ。……そしてこれらがすべて道徳だと思われているのである！（ニーチェ『この人を見よ』218-219頁）

無私性や利他性や謙虚さなどの類いとして道徳的価値を捉えようとすると、たとえば〈人のため〉というのも結局は自己満足という利己性に帰着するのではないか、とか、真に欲しているもの（力、地位、富など）が手に入らないがゆえに、それらを無価値なものや低級なものだと思い込もうとしている――いわゆる「酸っぱい葡萄」的な発想に無意識的に陥っている――に過ぎないのではないか、といった疑念がどうしても首をもたげてくる。そして、それこそニーチェのように、道徳の本来の姿について別の見方を提示する論者も現れてくるのである。

2. スティーヴンソンの洗練された情緒主義による道徳の特徴づけ

いま確認したのは、道徳に対する反省的思考はしばしば道徳それ自体に対する懐疑を呼び込む、ということだ（いま私たちが道徳的価値として信奉しているものは欺瞞に基づく幻想ではないのか、人生において真に追求されるべき価値は別のものではないのか、等々）。他方、現代の英米圏においては、この点をいわば括弧に入れたかたちで道徳について論じる方法を模索してきた面が見られる。

写真提供　ユニフォトプレス

図 14－2　スティーヴンソン

ここでは、C. L. スティーヴンソン（C. L. Stevenson 1908–1979）が提唱した種類の「情緒主義」（emotivism）について見てみよう。第 9 章で取り上げたアルフレッド・エアの情緒主義はおおよそ、「○○はよい」という道徳的言明は○○に対する個人の感情や態度を表出している——つまり、人それぞれの好き嫌いを表出している——と主張する立場であった。それゆえ、情緒主義は道徳に関する意見の不一致という問題を扱えない、といった批判が向けられてきた（第 9 章第 1 節）。

スティーヴンソン流のより洗練された情緒主義は、この批判にある程度応えるものになっている。彼はまず、〈よい〉とは〈私が望んでいる〉を意味する、と定義する立場をホッブズ（Hobbes 1588–1679）に帰し、また、〈よい〉とは〈大抵の人々が是認している〉を意味する、と定義する立場をヒュームに帰している。そのうえで、この 2 種類の定義を次のように批判する。

> 第一に、ある事柄が「よい」かどうかについて、われわれは分別をもって意見を戦わせることができるのでなければならない。この条件は、ホッブズの定義を排除する。……
> 第二に、「よい」はいわば磁力をもっているのでなければならない。Xのことを「よい」と認識している人は、そのこと自体によって、そう認識していない場合よりもXに与して行為する強い傾向を獲得するのでなければならない。このことは、ヒューム型の定義を排除する。（Stevenson, "The Emotive Meaning of Ethical Terms", p.16）

もしも〈よい〉が〈私が望んでいる〉を意味するのであれば、たとえば「Xはよい」と語る者と「Xはよくない」と語る者は異なる願望や欲求をもっているだけということになり、両者の間に意見の不一致があるとは言えなくなる。また、もしも〈よい〉が〈大抵の人々が是認している〉を意味するとすれば、ある人が自分自身ではXを是認せず、多数派がXを是認していることを認識している場合にも、その人自身が〈Xはよい〉という心的態度をとっていると言えてしまうことになる。しかしこれは、〈Xはよい〉の意味として私たちが理解しているものとはかけ離れているだろう。

スティーヴンソンによれば、〈よい〉という語は、たんに自分がいかなる願望や欲求をもっているかを記述するものではないし、多数派が何を是認しているかを記述するものでもない。また、個人や集団の心的状態や態度とは異なる事実――たとえば、ある街に食料品店がいくつあるか、太陽系には何個の惑星があるか、等々――をたんに記述しているだけでもない。しかし、かといって、「○○はよい」にはそもそも記述的要素は全くなく、そう発話した当人の感情や態度の表出そのものであるという、エア流の情緒主義も間違っている。スティーヴンソンは次のように主張している。

> 疑いなく、倫理的判断のなかには何らかの記述的要素が存在するが、その要素に尽きるわけでは決してない。倫理的言明の主な用法とは、事実を示すことではなく、影響をつくり出すことである。倫理的言明は、人々の関心（interest）を変化させたり強めたりする。すでに存在する関心について述べるというよりも、ある対象に対して関心を促すのである。（同 p.18）

たとえば、誰かが「プライバシーを守るのはよいことだ」と言ったとしよう。スティーヴンソンの議論に従うならば、この言明ないし判断には、確かに記述的要素が存在する。プライバシーを侵害される恐れがある人々や実際に侵害されている人々がいること、そうした人々は自身のプライバシーが守られることを望んでいること、プライバシーを守る方法が存在すること、等々である。ただし、それだけではない。「プライバシーを守るのはよいことだ」という言明には、プライバシーを守ることにコミットする方向の影響を聞き手に対してつくり出す——すなわち、聞き手の関心を変化させたり強めたりする——という意味での情緒的（情動的）要素も含まれている、そうスティーヴンソンは主張するのである。

彼によれば、私たちの言語使用には大きく分けて二種類の目的があるという。一つ目は、信念を記録したり、分類したり、伝達したりすることであり、そのための言語使用は「記述的」（同 p.21）な使用と呼びうる。そして、もう一つの目的は、感情を表出したり、気分をつくり出したり、人々を特定の行動や態度へと促したりすることであり、そのための言語使用は「力学的」（同）な使用と呼びうる。この言語観からすれば、〈よい〉をはじめとする倫理的な用語の使用というのは、二つ目の「力学的」な用法に属するものであって、「人間の諸関心の複雑な相互作用や再調整のなかで用いられる道具である」（同 p.20）ということになる。私たちは、道徳的ないし倫理的な言明という社会的な道具を用いて、相手が特定の事柄に関心を向けるよう導いたり、特定の価値にコミットするように説得したり、そのコミットメントを強化するよう促したりしている、というわけである。

こうしたスティーヴンソン流の情緒主義の長所として彼自身が考えるのは、この立場はエア流の情緒主義とは異なり、意見の不一致の問題を扱いうるという点である。もっとも、その場合の〈意見の不一致〉とは、それこそ科学上の論争のような、客観的事実をめぐる信念同士の不一致に尽きるわけではない。道徳的言明には記述的要素だけではなく一種の情緒的要素も含まれるのだから、特定の事柄に対する関心や態度における不一致も含まれるというところに道徳的論争の特徴があると、スティーヴンソンは主張する。

逆に言えば、道徳的論争における不一致には信念における不一致も含まれるということだ。そうである以上、科学的探究などによって得られる経験的知識が、道徳的論争やその解消という局面においても重要な役割を果たすことはありうる。しかし、彼が同時に強調するのは、「経験的知識は、関心における不一致が信念における不一致に根差したものであるかぎりで、その種の関心における不一致を解消するに過ぎない」（同 p.29）ということである。別の論文では、彼は次のようにも述べている。

……科学の方法が価値についての論争を終結させる上で決定的なも

のであるとすれば、それは、信念における一致を実現させるという成功を収めた後に、今度は態度における一致へと導く、という仕方で働くかぎりにおいてである。(Stevenson, "The Nature of Ethical Disagreement", p.6-7)

仮に、態度(あるいは関心)における一致が常に信念における一致の結果であり、かつ、科学が常に信念における一致をもたらすことができるのであれば、科学が常に道徳的論争を解決することができる、ということになるだろう。しかし、実情は明らかに異なる。たとえば、ある場所である教師が体罰を行ったということについてはA氏とB氏の信念が一致していても、A氏はそれを「よい」と述べ、B氏はそれを「よくない」と述べることはありうる。したがってスティーヴンソンは、「規範倫理学はいかなる科学の一分野でもない」(同 p.8)と結論づけるのである。

3. カヴェルによるスティーヴンソン批判 ——道徳家と扇動家の違い

以上のようにスティーヴンソンは、道徳的言明がそれ自体として催眠術のような心理的効力をもつとか、道徳的言明にはそれ独特の合理性がある(道徳的論証に特有の論理ないし推論様式がある)などと主張するのではなく、道徳的言明とはある種の提案ないし示唆そのものなのだと主張している。すなわち、道徳的言明とは、聞き手の関心や態度を変えたり、強化したり、特定の関心や態度そのものを形成させたりするために用いられる道具なのだということである。

このスティーヴンソン流の情緒主義に対してはさまざまな問題が指摘されているが(その詳細については、たとえば佐藤『メタ倫理学入門』

の216-221頁などを参照してほしい)、本章では、スタンリー・カヴェル(第8章第3節以下参照)による批判のみを取り上げることにしよう。

カヴェルによれば、スティーヴンソンの議論は終始、「道徳性」という肝心のものが不在のまま進行している。なぜなら、言明の実効性の有無によって言明の道徳性が定義されているからである。カヴェルはこう指摘している。

……スティーヴンソンの分析においては、[ある行為をするのがよい理由、あるいは、その行為をすべき理由として]どのような理由を与えるべきかを考慮する際にわれわれが(文法的に)考慮する必要があるのは、われわれが是認する行為をするように相手を促す効果があるかどうか、ということに尽きる。相手が考慮される必要があるのは、そこでは、どのような理由であれば相手を行為へと促すかについてわれわれが考慮するその範囲内でのみ、ということになる。——本質的にはこのことが、スティーヴンソンの分析が道徳的判断の分析になっていない理由——彼の理論は道徳性についての理論ではないと私が述べている理由——である。(Cavell, *The Claim of Reason*, p.283)

実効的な道徳的言明がもつ特別な意味とは、相手の関心や態度に影響を与えるある種の力であるとスティーヴンソンは考えている。それゆえ、彼は道徳家という存在を、〈相手の関心や態度に影響を与えようと試みる者〉として捉えていることになる。しかし、だとすれば、道徳家は扇動家とどう区別できるのだろうか。カヴェルが強調するのは、道徳とは扇動であると主張すること——あるいは、道徳と扇動を区別することには意味がないと主張すること——ほど道徳の問題を強く刺激するものはない、ということだ(同p.286-287)。彼はまた、次のようにも述べている。

……あらゆる道徳家は扇動家であると、平然とした調子で言うことは何を意味するのだろうか。……それは部分的にはこういうことだろう。すなわち、道徳家は常に、聞き手の感情や行動を操作するのに必要な範囲内でのみ、聞き手の立ち位置を考慮に入れた立ち位置から語る、ということである。(同 p.287)

もちろん、現実に私たちは、自分がしてもらいたいことを相手にさせるために「あなたは○○した方がよい」とか「○○するのは君の義務だ」といった言葉を用いることがしばしばある。しかし、それは道徳的言明ではなく、その偽装にほかならない。そして実際、道徳として現在通用しているものは利己的な立ち位置や無思慮の押しつけに過ぎないのではないか、自己本位の目的を達成するための妥協の産物に過ぎないのではないか、といった道徳への懐疑は、道徳をめぐる哲学的思考において古来常に問われ続けてきたことである（同 p.290)。

たとえばプラトンは、不正を働いてもそれが発覚する恐れが全くない場合、人はそれでも正義を貫くかと問うた（プラトン『国家』第2巻)。また、ラ・ロシュフーコー（La Rochefoucauld 1613-1680）をはじめとするいわゆる「モラリスト」たちや、心理学者の一部も、一見すると無私性や利他性に基づいているかに見える行動の根底に、自己愛や利己心や偽善を見出す議論を長らく展開してきた。さらに、本章の第1節で取り上げた通り、ニーチェも、道徳的価値として支配的なものの欺瞞性を厳しく批判している。ほかにも例を挙げればきりがないが、こうした思考の筋道はまさしく懐疑論的であって、真に道徳的なものを探り当てようとする探究が、社会において道徳的とされているものを次々に疑わしいものとして告発するものとなる、という過程をたどっている。

以上の点を指摘しつつカヴェルが強調するのは、道徳への懐疑に向き合うことは、それ自体が道徳の根本的な問題であり、倫理学者や道徳家の重要な課題だということである。したがって彼によれば、スティーヴンソンは倫理学者でも道徳家でもない。そしてそれは、スティーヴンソンが不道徳的な人物であるという意味ではない。むしろ、彼は道徳的価値そのものを疑っておらず、道徳家と扇動家はすぐに見分けがつくと素朴に思っている。だからこそ平然と、相手の関心や態度に影響を与えるための動機であれば何でも道徳的だと主張することができるのだ。しかし、まさにそう考えることによって、彼は道徳的なものの概念をそれと知らずと転覆してしまっているのだとカヴェルは指摘する。もちろん、先述の通り、道徳的なものの概念を転覆するという仕事を引き受けた者は古来たくさんいたが、彼らはその仕事を自覚的に、いわば熱意をもって遂行していた。すなわち、「彼らは自分たちの主張の無法さをよく分かっていた。そして、その主張に対する自分の責任を引き受けることによって、狂気に至ったり、投獄されたり、さまざまなかたちで追放されたりしたのである」（同 p.290）。

4．道徳は、それへの拒絶に対して開かれていなければならない

このようにカヴェルは、スティーヴンソンの議論を批判しつつ、道徳への懐疑がそれ自体、道徳というものにとって本質的な位置を占めることを指摘している。ただし彼は、ラ・ロシュフーコーやニーチェらのように、人々の道徳的言明の欺瞞性を告発したり、「主人道徳（貴族道徳）」といった別の価値体系を提唱したりするわけではない。

カヴェル自身は道徳の問題を、私は他者とともに同じ世界を生きるこ

とができるか、という問題の一環として捉える視座を示している。

第8章第3節においてすでに見た通り、彼は懐疑論を哲学の理論や主張としてのみならず、それを抱えて生きる人たちの水準で捉える。他者の心についての懐疑に囚われた者は、他者を承認すること、他者から承認されること、他者とともにこの世界を生きることの困難に直面する。同様に、道徳についての懐疑に囚われた者も、〈他者が私に対して行う主張を、なぜ私が尊重すべきか〉という問いに苦悩することになる。なぜ、他者に対して約束を守るのがよいことなのか、なぜ他者に対して義務を負うべきなのか、なぜ他者に本当のことを言うべきなのか、等々（同 p.322）。

総じて、カヴェルによれば、「向き合っている相手にとっての関連性、自分の立ち位置が自分に与える正当性、自分が責任を負えるような仕方で相手と向き合う正当性」（同 p.323）といったものが、道徳的言明やその理由づけなどを合理的なものにする。道徳の問題とは、科学や論理学などと同様の〈実証〉や〈論証〉の問題ではないし、かといって、〈感情〉や〈扇動〉の問題でもない。そうではなく、他者と取りもつ関係性の問題であり、他者とともにあるこの世界において自分が何を引き受け、自分の人生をいかに生きることができるか——この世界で他者とともに生きることができるか——という問題なのである。

> 道徳の問題とは次のようなものとなる。われわれはいかなる価値を称賛し、つくり上げるのか。われわれはいかなる責任を引き受けなければならないのか。自らの行動によって、また、自らの立ち位置によって、われわれはいかなる責任を負っているのか。（同 p.325）

ところで、道徳と自己の人生との相克という問題は、まさにカヴェルも指摘しているように（同 p.269）、近代文学において間違いなく主たるテーマとなってきたもののひとつだ。たとえば、配偶者に対して誠実であるために愛する者への思いを断ち切るべきなのか、それとも、家族を捨てて不倫に走るべきなのか、といった問題である。また、第３章で扱った『こころ』や『ジキルとハイド』などにも、道徳的な生の追求とそれに対する懐疑の間で揺れ動く人間の姿を認めることができる。さらに、一般的な道徳からはみ出したアウトロー（社会の除け者、無法者）の生き様や、他者とともにあるこの世界からの引き籠もり、隠遁といったあり方も、近代以前から文学において繰り返し描かれてきたテーマにほかならない。

いずれにせよ人々は、道徳的価値を一切疑わずに何よりもそれを尊重してきた、というよりは、道徳への信頼と懐疑のはざまで、また、道徳的な生が要求するものと自己が惹かれるものとの葛藤のなかで、他者とともにこの世界を生きる可能性を問い続けてきた。少なくとも言えることは、「道徳は、それへの拒絶に対して開かれているのでなければならない」（同 p.269）ということだ。したがって、倫理学や道徳哲学と呼ばれる分野も、支配的な道徳的価値の護教論に終始することはできない。道徳への懐疑なしに、道徳に対する反省的思考は成り立たないのである。

参考文献

Cavell, Stanley, *The Claim of Reason: Wittgenstein, Skepticism, Morality, and Tragedy*, Oxford University Press, 1979.

Stevenson, Charles, "The Emotive Meaning of Ethical Terms" in *Mind*, 46 (181), 1937.

——, "The Nature of Ethical Disagreement" in his *Facts and Values: Studies in Ethical Analysis*, Yale University Press, 1963. (First published in *Sigma*, 8-9, 1948)

フリードリヒ・ニーチェ『道徳の系譜学』(中山元訳、光文社古典新訳文庫、2009年)

——『この人を見よ』(丘沢静也訳、光文社古典新訳文庫、2016年)

佐藤岳詩『メタ倫理学入門——道徳のそもそもを考える』(勁草書房、2017年)

プラトン『国家』上（藤沢令夫訳、岩波文庫、1979年）

15 哲学への懐疑
――文学と科学のはざまで

古田徹也

《目標&ポイント》 文学はしばしば、哲学的問題を鋭く描き取り、私たちの関心を惹き、哲学的思考を喚起してきた。では、哲学は文学とどのように異なると言えるのか。哲学は科学の一部として、文学と区別されるべきなのか。自己固有の領域を求めてそこに安住しないこと、そして、世界に懐疑を向けるにあたって己れを例外にしないことに、哲学が哲学であるための欠かせない特徴が見出せるという点を確認し、すぐれて人間的な活動として哲学というものを捉える視座を得る。
《キーワード》 文学、科学、語りえないこと、活動としての哲学、ローティ、戸坂潤、ウィトゲンシュタイン、カント、カヴェル、ハイデガー

1. 哲学の領分はどこにあるのか

前章の末尾で触れたように、あるいは、本書の全体にわたって確かめてきたように、哲学が向き合ってきた根本的な諸問題は、同時に文学の主題でもあり続けてきた。そして文学は、問題の輪郭をときに哲学の議論よりも鋭く鮮明に描き取り、私たちの心を深く揺さぶって、私たちの注意と思考を問題の核心へと向けさせてきた。たとえば夏目漱石の文学は、現実や時間、心、他者といったものを捉えようとする際に私たちが抱える困難や「淋しさ」を見事に浮き彫りにしている。また、シェイクスピアの悲劇や、メルヴィル、ディケンズ、オーウェル、カミュ等々の

小説も、真理や道徳、人生の意味といったものをめぐる根源的な問いを喚起している。

こうした文学の力——さらに現在では、漫画、映画、テレビ番組等々を含むものの力——は、第11章以来たびたび取り上げてきた哲学者ローティも強調している点である。たとえば、私たちは特定の集団を〈私たちとは異なる者たち〉として自分たちから切り離し、「彼らは私たちのような感性や知性をもっていない」とか、「彼らは私たちと同じ扱いを受けるべきではない」などと見なして、疎外することがある。そうした偏見や差別をそれとして浮き彫りにし、私たち自身のあり方について再考させる強い力を、文学（等々）は確かに有している。この点をローティは次のように強調している。

他の人間存在を「彼ら」というよりむしろ「われわれの一員」とみなすようになるというこの過程は、見知らぬ人びとがどのような人びとなのかについて詳細に描写し、私たち自身がどのような人びとなのかについて描き直す、という問題なのである。以上のことは理論によってではなく、エスノグラフィ、ジャーナリストによるレポート、漫画、ドキュメンタリー・ドラマ、そしてとくに小説といったジャンルによって担われる任務なのだ。ディケンズ、オリーヴ・シュライナー、あるいはリチャード・ライトらの小説は、私たちの注意がこれまで向けられていなかった人びとが耐え忍んでいる類の苦しみについて、詳細を教えてくれる。ショデルロ・ド・ラクロ、ヘンリー・ジェイムズ、あるいはナボコフらの小説は、私たち自身がなしうる種類の残酷さについて詳細を教えてくれるのであり、そのことによって私たちが私たち自身を描き直すようにしてくれるのである。以上のようなことが原因となって、道徳上の変化と進歩を伝達する手段における主役の座が、説教や論文から小説、映画、テレビ番組へと、徐々にではあれ確実に移ってきているのだ。（ローティ『偶然性・アイロニー・連帯』7-8頁）

現在ではここに、各種のウェブコンテンツを加えることもできるだろう。ともあれ、文学（等々）がしばしば、実在や道徳などの哲学的諸問題をリアリティをもって提示し、それらの問題に対する読者や視聴者の感受性を高め、自分自身にかかわる事柄としてそれらの問題を考える端緒をつくり出すことは確かである。

この点については、吉川孝・横地徳広・池田喬（編著）『映画で考える生命環境倫理学』においても明確に指摘されている。差別や戦争や生命操作などをめぐって、私たちは論文を読んだり自分の頭で抽象的に考えたりするよりも、映画や漫画といった作品を鑑賞することによってこそリアリティをもって問題を捉えられることが多い。作品で描かれる事柄について、それが重要な問題だと実感し、関心を向けて自ら応答をしなければならないと考える状況に置かれうる。同書で池田喬が強調するように、「道徳的問題に最もリアリティを感じさせてくれるのがいつも現実の経験だというわけではない」（同185頁）。たとえば、自分自身が現実では深刻な人種差別を受けたことがない人でも、人種差別を扱った優れた映画に強く触発されることがありうるのだ。

しかし、そうだとすると、哲学という学問の営みそれ自体について、一個の深刻な懐疑が生じてくるように思われる。

まず指摘できることは、文学（等々）と哲学の近さだ。他者のつくった作品に触発されながら思考を紡いでいく、というのは、哲学の大半の営みに当てはまることである。その「作品」とは基本的には既存の哲学的文献（論文、著書など）を指すが、本書がまさにそうであるように、文学（等々）も哲学が参照する作品に含まれうる。では、哲学的文献と文学の違いはどこにあるのだろうか。その境界線は、実のところはきわめて薄いのではないか。

というより、こう問うべきだろう。ある文学作品から哲学的な議論を引き出せるのであれば、その文学作品には哲学的な思考が含まれているということになる。つまり、そうした作品は、文学であり、かつ哲学であるとも言えるだろう。あるいは、そもそも文学には多くの場合哲学的な要素が含まれている、と言った方が正確だろう（そして、これはもちろん、映画や漫画などについても当てはまる）。およそ人が表現するものには、哲学的な要素が含まれうる。だとすれば、哲学書や哲学論文に独自の役割はどこにあるのだろうか。文学の範囲をエッセイなどにも広げて考えるならば、この問いは、一個の独立した学問としての哲学にとってより深刻なものになるはずだ。

学術書や学術論文の体裁を備えていれば、それだけで哲学書や哲学論文が独立して存在する意義を獲得するのだろうか。もしもそうではないのなら、哲学が文学と区別されるためには、哲学は（現代的意味での）科学の一種であると称したり、自然科学や社会科学の知見をとりまとめたりすることに存在意義を見出すべきでないのか。

昭和初期から戦前の日本で活躍した哲学者・評論家の戸坂潤（1900-1945）は、社会の一員としての個人一般を問題にすることと、自己という具体的な個人（特殊な個人）を問題にすることを区別している。そして、前者が科学的探究の対象である一方で、後者は道徳の問題であり、文学的探究の対象だと述べている。

> 道徳というものは、或る事物が自然としてもつ問題でもなく、社会としてもつ問題でもなくて、夫（それ）が人間銘々の一身上の問題としてもつ

> 問題のことなのである。但しこの一身上の問題は社会や自然自身の問題と離れてはあり得ないということがここで大切ではあるが。……一切の問題を自己一身上の角度から見るということが、今云う道徳なのである。……社会と自然とは、この道徳の角度から取り上げられない限り、科学（社会科学乃至（ないし）自然科学）の角度から見られる。之に反して之を道徳の角度から、自己一身上の立場から、見るのが文学なのである。……科学は自然と社会とを探究する、文学は道徳＝モラルを探究する。（戸坂潤「思想としての文学」12頁）

このように戸坂は、「人間銘々の一身上の問題」と社会や自然の問題との結びつきを認めつつも、一切の問題を自己一身上の角度から見るのが文学であり、それは科学の領分ではないと主張している。

では、哲学の領分はどこにあるのだろうか。哲学も学問である以上、その議論は自ずと一般的な論点を提示するものとなる。文学のように、ジキル博士やビリー・バッドやリア王や沙悟浄といった具体的な個人の生き方や選択などを描くことに徹する、というわけにはいかないのだ。そうだとすれば、哲学が果たすべき役割とはやはり、科学的探究の一部ないしは科学的探究の整理ということにならないだろうか。

写真提供　朝日新聞社／ユニフォトプレス

図 15－1　戸坂潤

2. ウィトゲンシュタイン――哲学への懐疑に満ちた二つの主著

哲学それ自体に対する徹底的な懐疑を推し進めた現代の哲学者に、第8章でも何度か登場したルートヴィヒ・ウィトゲンシュタインがいる。

ウィトゲンシュタインは、自身の手で公にした唯一の哲学書『論理哲学論考』の終盤において、次のように述べている。

> 語りうること以外には何も語らない。自然科学の命題――したがって、哲学とは何の関係もないこと――以外には何も語らない。そして、誰かが形而上学的な事柄を語ろうとするたびごとに、自分が発している命題のしかじかの記号にその人がいかなる意味も与えていないということを指摘する。これが、本来の正しい哲学の方法である。この方法ではその人は満足しないだろうし、哲学を教わっている気がしないだろう。――しかし、これこそが唯一の厳正な方法だろう。(ウィトゲンシュタイン『論理哲学論考』6.53 節)

古来人々は、「哲学」や、その一部門としての「倫理学」、「美学」、「形而上学」といった名の下で、経験的な内容(=私たちが生きるなかで経験する、そのつどの個別的で具体的な世界のあり方)を超えた世界の本質や絶対的価値などについて答えようとしてきた。たとえば、なぜ世界は存在するのか。世界は私の内面に現れている観念なのか、それとも私の外側に実在するものなのか。私たちはいかに生きるべきか。善き生とは何か。人の生きる意味は何か。普遍的な倫理や美とはどのようなものか。人間は自由なのか、それとも、世界に起こることはすべて自然法則や神などによって決定されているのか、等々。しかし、『論理哲学論考』におけるウィトゲンシュタインの主張に従うなら、こうした問題に一般的な解答を与えようとしても、それはどうしても有意味な言葉になりえない。言い換えれば、語

写真提供　ユニフォトプレス

図 15－2　ウィトゲンシュタイン

りえない。それゆえ、学問としての哲学は次の二種類のものに尽きるという。一つは、語りうること――ここでは、自然科学をはじめとする分野が日々生み出しているような、客観的に真であったり偽であったりしうる命題――のみを語り、それ以外については沈黙すること。そしてもう一つは、誰かが語りえないことを語ろうとするたびごとに、その人に対してその試みが不可能であることを具体的に指摘することである。

古来、多くの人々が哲学（形而上学、倫理学、美学）に対して期待してきたのはまさしく、存在や自己や価値といったものについて真理を語ることである。それゆえ、その種の伝統的な哲学の営みを無意味と批判することに徹する活動は、「哲学」という名称が呼び起こす深遠さとはほど遠く、むしろ浅薄で瑣末なものに感じられるだろう。しかし、私たちはこの活動に踏みとどまらなければならないとウィトゲンシュタインは訴える。ここを越え出て、人生の意味とは何かや追求すべき価値とは何かなどについて一般的な水準でその中身を語ろうとすれば、その言葉は不可避的に空虚なものとなってしまうからだ。したがって彼によれば、これらの事柄を哲学が扱おうとするならば、それは、語りえないことを全く語らないか、あるいは、語りえないことを語ろうとする哲学の試みを批判する活動以外ではありえない、ということになる。

それゆえ彼は、伝統的な哲学の問題は科学的な探究によって解決される、と主張しているわけではない。自然科学も社会科学も、哲学と同様に、人生の意味などについて有意味に語る言葉をもたない。すなわち、「たとえ可能な科学の問いがすべて答えられたとしても、自分たちの生の問題は依然として全く手つかずのまま残される」（同 6.52 節）ということだ。ちょうどカントが、「私は、信に場所をえさせるために知を廃棄しなければならなかった」（カント『純粋理性批判』B XXX）と語ったように、ウィトゲンシュタインもまた、学知が及ぶ範囲の限界を劃（かく）定することによって、真に大切なものの場所を確保しようとしたのである。

彼は、『論理哲学論考』の出版を模索していた1919年当時、編集者ルートヴィヒ・フォン・フィッカーに宛てた手紙のなかで、自分はこの本の序文に次のような一文を付そうと考えていた、と振り返っている。

> 私の仕事は二つの部分から成っている。一つはここに提示したこと、そしてもう一つは、ここに書かなかったことのすべてだ。そして、大切なのはこの第二の部分である。（Wittgenstein, *Briefwechsel mit B. Russell, G. E. Moore, J. M. Keynes, F. P. Ramsey, W. Eccles, P. Engelmann, L. v. Ficker*, 1919.10 oder 11）

第二の部分、すなわち、語りえない大切なことは、それを語ろうとする衝動を厳に慎んで沈黙を守り、それ以外のことを明晰に語る営みにおいて、最も損なわれないかたちで示される。つまりウィトゲンシュタインは、哲学をいわば科学化して、〈自然現象や人間の心理現象の法則性の発見〉といった実証的研究の一翼を今後の哲学は担うべき、と考えていたわけではない。彼にとって、哲学的問題というのは相変わらずそこにあった。すなわち、〈善き生とは何か〉とか〈人の生きる意味は何か〉といった漠然とした問いが語ろうとしているところにあった。それを扱うために彼は、善き生や人生の意味などについて客観的な真理を語ったつもりになっている哲学の言説に対して、〈その言葉はそもそも意味を成しているのか〉という次元で批判し、語りえないことに対する完全な沈黙へと誘（いざな）おうとしたのである。

その後、ウィトゲンシュタインは、『論理哲学論考』の末尾に記した「語りえないことについては沈黙しなければならない」（7節）という言葉を自ら守るように、学問的活動としての哲学自体と手を切り、アカデミアから完全に身を退いて、田舎の小学校の教師となった。興味深いのは、それからおよそ10年が経って、彼はまた哲学の仕事に舞い戻ったということである。そこで彼が始めたのは、『論理哲学論考』における自身の議論を徹底的に批判することだった。そして、その試みはやがて、彼のもうひとつの主著『哲学探究』として結実することになる。彼が『論理哲学論考』を書き終えてから、約20年後のことだ。

『哲学探究』においても、哲学に対する彼の懐疑的姿勢そのものは変わらない。古代懐疑主義者たちが、独断論と彼らが見なす哲学的思索を知的な病気と見なしたのと同様に、『哲学探究』のウィトゲンシュタインも、哲学を繰り返し病気に喩えている。『論理哲学論考』における自身の議論も含めて、従来の哲学の議論が陥っている混乱の中身を診断し、その治療を図ること——『哲学探究』という書物で彼が展開した**哲学**とはそのようなものだった。つまり、後年の彼にとって、かつての『論理哲学論考』の哲学こそが病気であり、新しい『哲学探究』の哲学はその治療であった、ということだ。哲学を終わらせるために彼が若き日に紡いだ『論理哲学論考』というテクストが、それ自体、彼があらためて新しい哲学をつくりあげるための主たる材料となったのである。

『論理哲学論考』と『哲学探究』という、いずれも哲学への懐疑に満ちた著作は、にもかかわらず——というより、それゆえにこそ——後世に圧倒的な影響を与えるものとなった。哲学に対する両著作の挑発的な構えは、これらを乗り越えようとする新たな哲学の展開を常に喚起し続け、この分野をむしろより活発なものにしている。また、両著作の影響は哲学の分野のみにとどまっていない。『論理哲学論考』には、言語や論理、数などに関する斬新な理論が詰まっている。『哲学探究』にも、人間の言語実践をある種のゲームや演劇の類いとして捉える見方や、規則、理解、心といった概念を根本的に捉え直す視座が含まれている。両著作は、従来の哲学の議論全体に懐疑を向けるその破壊的な企てのゆえに、従来の枠組みを越え出るさまざまなアイディアを生み出し、法学、政治学、社会学、心理学、計算機科学等々、広範な学問分野を刺激し続けているほか、さらに文学や映画などの芸術に対しても大きな影響を与えているのである。（なお、『論理哲学論考』と『哲学探究』を中心とするウィトゲンシュタインの哲学の具体的な中身については、さしあたり、古田『はじめてのウィトゲンシュタイン』を参照されたい。）

3. 哲学するという「賭け」

『論理哲学論考』と『哲学探究』に限らず、長く読み継がれ、多様な観点から議論や批判の対象となり続けている哲学上の古典には、多かれ少なかれ、それまでの哲学の議論全体に対するラディカルな懐疑が含まれている。プラトン、デカルト、ヒューム、カント等々、先人の成果に新たなものを付け加えるだけではなく、先人の成果自体に向けられる問い直しと批判が、彼らの議論を生き生きと躍動させ、読む者を刺激し続けているのである。

哲学が科学的探究の枠組みに収まらないとすれば、哲学は文学（等々）といかにして区別されるのか――この本章の問いに戻るならば、こうした己れに対する懐疑こそが、哲学というものをそれとして特徴づける不可欠の特徴だと言えるだろう。たとえばローティも、哲学に対するそうした懐疑論者であることは、第13章第3節において確認した。彼は、伝統的な哲学を〈普遍的で非歴史的で基礎的な真理を探究する営み〉として捉えたうえで、そのような哲学を乗り越えて一種の文化政治を実践すること――言葉の用法の変更を提案したり新語を広めたりすることによって、文化的進歩を目指すこと――を説いている。そして、その試み自体が実は、古代懐疑主義を何ほどか反復するものになっている。つまり、ローティが向けた哲学への懐疑は、それ自体が哲学の一部に含まれるということだ。

以上の消息に対して際立って自覚的な現代の哲学者の一人が、カヴェルである。彼は次のように述べている。

> ……哲学というものには、それ自体の喪失をめぐる問いが、それ自体に対して忠実であることにとって内在的な事柄である、ということが含まれる。
>
> この主張は、私が以下のような者の一人だということを露わにする。すなわち、哲学は存在するのかという問いが、哲学が拘束される唯一の問いであるようにときに思われる者。（特定の歴史的瞬間に、いかなる課題の渦中で、また、いかなる形態において、哲学が現れてくるかということにかかわらず）哲学とは何か、また、哲学は存在するか否かということを気に掛けることをやめることは、哲学を放棄することであり、哲学を論理学、科学、詩、政治、宗教に明け渡すことだと考える者である。［哲学とは何か、哲学は存在するのか、という］哲学の問題こそが哲学の唯一の仕事だということが、私がウィトゲンシュタインとハイデガーの著作から受け取った教えである。哲学の継承の問題、つまり哲学の存続の問題は、彼らの著作においては、哲学は教えられるか、あるいは、思考することはいかにして学ばれるのか、という問題として現れている。（Cavell, *Contesting Tears,* p.93）

飯田隆がこの一節の一部を引きつつ述べているように、「この教えをどう生かすか、これこそが哲学の将来を決すると言っても言い過ぎではない」（飯田『ウィトゲンシュタイン』320頁）。いや、というよりもむしろ、哲学は現にそのようにして生き、継承され、存続してきたのであり、哲学が哲学であるかぎり、今後もそうであり続けるだろう。上の引用でウィトゲンシュタインとともに名を挙げられているハイデガーも、古代から現代に至る哲学の流れそのものに対して、生涯にわたって懐疑を向け、哲学の終焉について思索を重ねた。そして、その極限の思想がそれ自体、後進の哲学的探究の糧となってきた。

文学か、さもなければ科学か、という単純な二分法は成り立たない。哲学は、ときに文学に接近することもあれば、科学に接近することもある（そして、さらに他の領域に接近することもある）。哲学の存立基盤は危うく、さまざまな領域のはざまを不安定に揺れ動き続けている。しかし、自己固有の領域を劃定してそこに安住しないこと、そして、世界に懐疑を向けるにあたって己れを例外にしないということは、哲学が自身の仕事を遂行するために払う賭け金なのである。

数学や物理学や歴史学などと同じ仕方で、哲学とはこういうものである、という風に特徴づけることはできない。すなわち、固定した視点や方法論に基づく一個の完結した学説として哲学というものを特徴づけることはできない。たとえば、カントは次のように指摘している。

> ひとはこうして、いっさいの（ア・プリオリな）理性の学のうち、ただひとつ数学だけは学ぶことができるとはいえ、だんじて哲学を学ぶことはかなわない（学ばれるのであれば、歴史的なものとなるだろう）。むしろ理性についていえば、せいぜいただ哲学すること（*philosophieren*）を学びうるだけである。（カント『純粋理性批判』A837/B865）

同様のことを、ウィトゲンシュタインも次のように簡明に表現している。

哲学とは学説ではなく、活動である。（ウィトゲンシュタイン『論理哲学論考』4.112節）

彼らの言う通り、哲学とは元来、すること、活動である。ソクラテスとプラトンは、自分たちを「ソフィステース」――知者、優れた知を有している者――ではなく、むしろ「フィロソフォス」――知を愛し求める者、知を探究する者――として位置づけた。そして、知を愛し求めるという活動、すなわち、「○○とは何か」、「なぜそうなのか」、「本当はどうなのか」等々と問う活動は、疑うという契機を必ず含んでいる。探究と懐疑は原理的に切り離しえない。ちょうど、「スケプシス」という言葉が、探究と懐疑のどちらも意味するように（第13章第2節）。

己れ自身に向き合い、己れの意味を問い、そうやって、己れ自身が消滅するリスクを背負いつつ、己れも含めた世界の一切に対して徹底した探究と懐疑を遂行することによって、ときに哲学は、これまでの常識を打ち破り、これまで人々が見落としていた（あるいは軽視していた）重要な事柄を輪郭づけることがある。物事の見方、あるいは人の生き方の、ドラスティックな変容を促すときがある。そのように哲学することができたとき、哲学者は当面の賭けに勝つ。言い方を換えれば、哲学が文学でも科学でもなく、哲学であることは、語ったり書いたりしたものが哲学するものになっていたという結果によって、はじめて認められるということだ。

世界の内で事物との交渉に没入するのではなく、そこから一歩退いて、世界と自己を外側から眺めるかのような視点をとることが、ネーゲルの言うように人間の本性に属することだとするならば（第12章第3節）、世界をそのまま無批判に受け入れるのではなく、世界に対して懐疑を向けて探究を続ける哲学は、すぐれて人間的な活動だと言えるだろう。あの「悟浄出世」の主人公がそうであったように（同章第 4 節）、人間である以上、私たちは「なぜ」という問いを断ち切れない。その意味で哲学は、私たちという存在の宿命と向き合う営みでありうる。そして、本書で焦点を当ててきた英米哲学の諸議論は、ヨーロッパ大陸の哲学と切り結び、響き合いながら、そして、しばしば文学と交錯しながら、まさにそうした営みに挑戦してきたのである。

参考文献

Cavell, Stanley, *Contesting Tears: The Hollywood Melodrama of the Unknown Woman*, The University of Chicago Press, 1996.

Wittgenstein, Ludwig, *Briefwechsel mit B. Russell, G. E. Moore, J. M. Keynes, F. P. Ramsey, W. Eccles, P. Engelmann, L. v. Ficker*, B. F. McGuiness & G. H. von Wright（Hg.）, Suhrkamp, 1997.

飯田隆『ウィトゲンシュタイン――言語の限界』（講談社、2005 年）

ルートヴィヒ・ウィトゲンシュタイン『論理哲学論考』（野矢茂樹訳、岩波文庫、2003 年）

――『哲学探究』（鬼界彰夫訳、講談社、2020 年）

イマヌエル・カント『純粋理性批判』（熊野純彦訳、作品社、2012 年）

戸坂潤「思想としての文学」『戸坂潤全集』第 4 巻（勁草書房、1966 年）

古田徹也『はじめてのウィトゲンシュタイン』（NHK ブックス、2020 年）

吉川孝・横地徳広・池田喬（編著）『映画で考える生命環境倫理学』（勁草書房、2019 年）

リチャード・ローティ『偶然性・アイロニー・連帯――リベラル・ユートピアの可能性』（斎藤純一・山岡龍一・大川正彦訳、岩波書店、2000 年）

関連年表

1562年	**セクストス・エンペイリコス**（2～3世紀頃）『ピュロン主義哲学の概要』（ラテン語訳）
1580年	**モンテーニュ**（1533‐92）「レーモン・スボンの弁護」（『エセー』第二巻第十二章）
1605‐06年	**シェイクスピア**（1564‐1616）『リア王の悲劇』
1620年	ベイコン（1561‐1626）『ノヴム・オルガヌム』
1625年	グロティウス（1583‐1645）『戦争と平和の法』
1632年	ガリレイ（1564‐1642）『天文対話』
1637年	**デカルト**（1596‐1650）『方法序説』
1641年	**デカルト**『省察』
1651年	**ホッブズ**（1588‐1679）『リヴァイアサン』
1670年	スピノザ（1632‐1677）『神学政治論』 パスカル（1623‐1662）『パンセ』（ポール・ロワイヤル版）
1674年	マルブランシュ（1638‐1715）『真理探究論』
1677年	スピノザ『エチカ』
1678年	カドワース（1617‐1688）『宇宙の真の知的体系』
1687年	ニュートン（1642‐1727）『プリンキピア（自然哲学の数学的原理）』
1689年	**名誉革命→「権利章典」**
1690年	**ロック**（1632‐1704）『統治論』『人間知性論』
1696年	ベール（1647‐1706）『歴史批評事典』
1698年	シャフツベリ（1671‐1713）『徳あるいは価値に関する研究』
1710年	ライプニッツ（1646‐1716）『弁神論』 **バークリ**（1685‐1753）『人知原理論』
1714年	マンデヴィル（1670‐1733）『蜂の寓話』
1717年	クラーク（1675‐1729）『クラーク＝ライプニッツ往復書簡集』
1721年	モンテスキュー（1689‐1755）『ペルシア人の手紙』
1725年	ハチスン（1694‐1746）『美と徳の観念の起源』
1734年	ヴォルテール（1694‐1778）『哲学書簡』
1739年	**ヒューム**（1711‐1776）『人間本性論』
1741年	**ヒューム**『道徳・政治論集』（1752年『政治経済論集』。1777年まで改訂重ねる）

1747年	**ヒューム**『人間知性に関する哲学論集』(後に『人間知性研究』に改題)
1751年	**ヒューム**『道徳原理の研究』、ディドロ(1713-1784)ら『百科全書』
1755年	**ルソー**(1712-1778)『人間不平等起源論』
1759年	**スミス**(1723-1790)『道徳感情論』、 スターン(1713-1768)『トリストラム・シャンディ』
1762年	**ルソー**『社会契約論』『エミール』
1771年	**ハーマン**(1730-1788)「懐疑論者の夜の夢」(ヒューム『人間本性論』第1巻結論部の独訳)
1776年	**スミス**『国富論(諸国民の富の本質と諸原因に関する探求)』 **ベンサム**(1748-1832)『統治論断片』 **「アメリカ独立宣言」**
1778年	ディドロ『運命論者ジャックとその主人』
1779年	**ヒューム**『自然宗教に関する対話』(独訳出版は1781年)
1781年	**カント**(1724-1804)『純粋理性批判』
1783年	**カント**『プロレゴーメナ』
1788年	**カント**『実践理性批判』
1789年	**ベンサム**『道徳と立法の原理序説』 **フランス革命→「人権宣言」**
1790年	**カント**『判断力批判』、**スミス**『道徳感情論』(第6版改訂版)
1807年	ヘーゲル(1770-1831)『精神現象学』
1819年	ショーペンハウアー(1788-1860)『意志と表象としての世界』
1821年	ヘーゲル『法の哲学』
1822-31年	ヘーゲル『歴史哲学講義』
1837年	**エマソン**(1803-1882)「アメリカの学者」
1843年	**ミル**(1806-1873)『論理学体系』 **ディケンズ**(1812-1870)『クリスマス・キャロル』
1844年	マルクス(1818-1883)『経済学・哲学草稿』
1849年	**エマソン**『代表的人物』
1854年	**ソロー**(1817-1862)『森の生活』
1859年	**ミル**『自由論』、ダーウィン(1809-1882)『種の起源』、マルクス『経済学批判』
1867年	マルクス『資本論』

	日本で大政奉還、明治維新へ
1869年	ミル『女性の解放』
1872年	ニーチェ（1844 - 1900）『悲劇の誕生』
1876年	エリオット（1819 - 1880）『ダニエル・デロンダ』
1878年	パース（1839 - 1914）「われわれの観念をいかにして明晰にするか」「信念の確定」
1883 - 85年	ニーチェ『ツァラトゥストラはかく語りき』
1886年	スティーヴンソン（1850 - 94）『ジキルとハイド』
1887年	ニーチェ『道徳の系譜学』
1888年	ニーチェ『この人を見よ』
1889年	ベルクソン（1859 - 1941）『意識に直接与えられたものについての試論』
1896年	ベルクソン『物質と記憶』
1897年	ジェイムズ（1842 - 1910）『信じる意志』
1900年	フロイト（1856 - 1939）『夢判断』
1900 - 01年	フッサール（1859 - 1938）『論理学研究』
1902年	ホーフマンスタール（1874 - 1929）『チャンドス卿の手紙』
1903年	デューイ（1859 - 1952）『論理学説研究』
1904年	ジェイムズ「純粋経験の世界」
	日露戦争（ - 05）
1905年	夏目漱石（1867 - 1916）『吾輩は猫である』『漾虚集』『草枕』
1907年	ジェイムズ『プラグマティズム』
	ベルクソン『創造的進化』
1908年	夏目漱石『坑夫』『夢十夜』
1910年	フロイト「レオナルド・ダ・ヴィンチの幼年期の思い出」
1913年	フッサール『イデーン Ⅰ』
1913 - 16年	シェーラー（1874 - 1928）『倫理学における形式主義と実質的価値倫理学』
1914年	夏目漱石『こころ』
	第一次世界大戦（ - 18）
1915年	夏目漱石『硝子戸の中』『道草』
1916年	**一般相対性理論（アインシュタイン）**
	夏目漱石『明暗』
1917年	**ロシア革命**

1921年	ウィトゲンシュタイン（1889－1951）『論理哲学論考』
1924年	メルヴィル（1819－1891）『ビリー・バッド』
1925年	デューイ『経験と自然』
1925－26年	ヒトラー（1889－1945）『我が闘争』
1927年	ハイデガー（1889－1976）『存在と時間』
1928年	九鬼周造（1888－1941）「時間の観念と東洋における時間の反復」
1929年	ハイデガー『形而上学とは何か』
	ホワイトヘッド（1861－1947）『過程と実在』
	世界大恐慌
1931年	フッサール『デカルト的省察』
1934年	ミード（1863－1931）『精神・自我・社会』
1936年	戸坂潤（1900－1945）『思想としての文学』
	ベンヤミン（1892－1940）『複製芸術時代の作品』
	エア（1910－1989）『言語・真理・論理』
	フッサール『ヨーロッパ諸学の危機と超越論的現象学』
1936－49年	ウィトゲンシュタイン『哲学探究』
1937年	スティーヴンソン（1908－1979）、“The Emotive Meaning of Ethical Terms”
1938年	デューイ『論理学—探究の理論』
	サルトル（1905－1980）『嘔吐』
1939年	**第二次世界大戦（－45）**
1942年	カミュ（1913－1960）『シーシュポスの神話』
	中島敦（1909－1942）「悟浄出世」
	メルロ＝ポンティ（1908－1961）『行動の構造』
1945年	メルロ＝ポンティ『知覚の現象学』
	広島、長崎に原爆投下
1947年	カミュ『ペスト』
	アドルノ（1903－1969）・ホルクハイマー（1895－1973）『啓蒙の弁証法』
1948年	スティーヴンソン、“The Nature of Ethical Disagreement”
1949年	オーウェル（1903－1950）『1984年』
1951年	クワイン（1908－2000）「経験主義のふたつのドグマ」
	マードック（1919－1999）「考えることと言語」

1952年	**アメリカが水爆実験成功**
	ヘア（1919 - 2002）『道徳の言語』
1953年	マードック『サルトル』
	ドゥルーズ（1925 - 1995）『経験論と主体性―ヒュームにおける人間的自然についての試論』
1955年	オースティン『言語と行為』
	ラッセル＝アインシュタイン宣言
1956年	マードック「道徳における見方と選択」
1960年	ガダマー（1900 - 2002）『真理と方法』
1961年	レヴィナス（1906 - 1995）『全体性と無限』
1964 - 65年	**ベトナム戦争（ - 75）**
1966年	アドルノ『否定弁証法』
1967年	デリダ（1930 - 2004）『声と現象』『グラマトロジーについて』『エクリチュールと差異』
	ヨーロッパ共同体（EC）成立
	ウィンチ（1926 - 1997）「道徳判断の普遍化可能性」
1968年	ドゥルーズ『差異と反復』
	ウィンチ「道徳からみた行為者とその行為」
	プラハの春、フランス五月革命
1969年	**アポロ11号月面着陸**
	カヴェル（1926 - 2018）、*Must We Mean What We Say?*
1970年	クーン（1922 - 1996）『科学革命の構造』
	マードック『善の至高性』
1971年	ネーゲル（1937 - ）、"The Absurd"（「人生の無意味さ」）
1972年	カヴェル『センス・オブ・ウォールデン』
1973年	**第四次中東戦争、オイルショック**
1979年	カヴェル、*The Claim of Reason*
1985年	ウィリアムズ（1929 - 2003）『生き方について哲学は何が言えるか』
1986年	ネーゲル『どこでもないところからの眺め』
1987年	カヴェル『悲劇の哲学』
1989年	ローティ（1931 - 2007）『偶然性・アイロニー・連帯』
1990年	カヴェル『道徳的完成主義』
1992年	マードック、*Metaphysics as a Guide to Morals*

1996年	カヴェル『哲学の声』
1996年	カヴェル、*Contesting Tears*
1997年	マードック、*Existentialists and Mystics: Writings on Philosophy and Literature*
2001年	フット（1920 - 2010）『人間にとって善とは何か』
2002年	アド（1922 - 2010）『生き方としての哲学』
2003年	ローティ「分析哲学と会話哲学」

索引

●配列は五十音順、＊は人名を示す。

●さ　行

●ま 行

●や 行

●ら　行

●わ　行

分担執筆者紹介

（執筆の章順）

吉川　孝（よしかわ・たかし）

・執筆章→6～8

1974年　東京都世田谷区に生まれる
1999年　慶應義塾大学文学部哲学科哲学専攻卒業
2001年　慶應義塾大学文学研究科前期博士課程修了
2004年　慶應義塾大学文学研究科後期博士課程単位取得退学
2008年　博士（哲学）学位取得（慶應義塾大学）
現在　高知県立大学文化学部准教授
専攻　哲学・倫理学
主な著書　『フッサールの倫理学　生き方の探究』（知泉書館、2011年）
『ワードマップ現代現象学　経験から始める哲学入門』（編著、2017年）
『映画で考える生命環境倫理学』（編著、勁草書房、2019年）

佐藤　岳詩（さとう・たけし）

・執筆章→9～11

1979年　北海道岩見沢市に生まれる
2004年　京都大学文学部人文学科卒業
2007年　北海道大学大学院文学研究科修士課程（倫理学専攻）修了
2010年　北海道大学大学院文学研究科博士課程（倫理学専攻）修了
現在　専修大学文学部教授
専攻　倫理学
主な著書　『R.M.ヘアの道徳哲学』（勁草書房、2012年）
『メタ倫理学入門～道徳のそもそもを考える』（勁草書房、2017年）
『「倫理の問題」とは何か～メタ倫理学から考える』（光文社新書、2021年）
『心とからだの倫理学～エンハンスメントから考える』（ちくまプリマー新書、2021年）

編著者紹介

勢力尚雅（せいりき・のぶまさ）

・執筆章→ 1 ～ 5

1969 年	福岡県北九州市に生まれる
1991 年	東京大学文学部倫理学科卒業
1994 年	東京大学大学院人文社会系研究科修士課程（倫理学専攻）修了
2001 年	東京大学大学院人文社会系研究科博士課程（倫理学専攻）単位取得退学
2004 年	博士（文学）学位取得（東京大学）
現在	日本大学理工学部教授
専攻	哲学・倫理学
主な著書	『科学技術の倫理学』（編著、梓出版社、2011 年） 『科学技術の倫理学Ⅱ』（編著、梓出版社、2015 年） 『経験論から言語哲学へ』（共著、放送大学教育振興会、2016 年） 『言葉とアートをつなぐ教育思想』（共編著、晃洋書房、2019 年）

古田　徹也（ふるた・てつや）

・執筆章→ 12 ～ 15

1979 年	熊本県水俣市に生まれる
2002 年	東京大学文学部倫理学科卒業
2005 年	東京大学大学院人文社会系研究科修士課程（倫理学専攻）修了
2008 年	東京大学大学院人文社会系研究科博士課程（倫理学専攻）単位取得退学
2011 年	博士（文学）学位取得（東京大学）
現在	東京大学大学院人文社会系研究科准教授
専攻	哲学・倫理学
主な著書	『それは私がしたことなのか』（新曜社、2013 年） 『経験論から言語哲学へ』（共著、放送大学教育振興会、2016 年） 『言葉の魂の哲学』（講談社、2018 年） 『ウィトゲンシュタイン　論理哲学論考』（KADOKAWA、2019 年） 『不道徳的倫理学講義』（筑摩書房、2019 年） 『はじめてのウィトゲンシュタイン』（NHK 出版、2020 年） 『いつもの言葉を哲学する』（朝日新聞出版、2021 年） 『このゲームにはゴールがない』（筑摩書房、2022 年）

放送大学教材　1559311-1-2311（ラジオ）

英米哲学の挑戦
—文学と懐疑—

発　行　　2023年3月20日　第1刷
編著者　　勢力尚雅・古田徹也
発行所　　一般財団法人　放送大学教育振興会
〒105-0001　東京都港区虎ノ門1-14-1　郵政福祉琴平ビル
電話　03（3502）2750

Printed in Japan　ISBN978-4-595-32391-1　C1310